追寻尤利西斯

〔法〕戴海丝·达维森 著

〔法〕菲利普·普瓦里耶 绘

孙毅 译

人民文学出版社

PEOPLE'S LITERATURE PUBLISHING HOUSE

著作权合同登记：图字 01-2020-2199 号

Author: Marie-Thérèse Davidson, Illustrator: Philippe Poirier

Sur les traces d'Ulysse

© Gallimard Jeunesse, Paris, 2009

图书在版编目（CIP）数据

追寻尤利西斯的足迹 / （法）戴海丝·达维森著；
（法）菲利普·普瓦里耶绘；孙毅译. -- 北京：人民文
学出版社，2024. --（历史的足迹）. -- ISBN 978-7
-02-018859-8

Ⅰ. K125-49

中国国家版本馆 CIP 数据核字第 20247YZ400 号

责任编辑　卜艳冰　杨　芹
封面设计　汪佳诗

出版发行　**人民文学出版社**
社　　址　**北京市朝内大街 166 号**
邮政编码　**100705**

印　　制　**安徽新华印刷股份有限公司**
经　　销　**全国新华书店等**

字　　数　**65 千字**
开　　本　**889 毫米 ×1194 毫米　1/32**
印　　张　**4.125**
版　　次　**2024 年 8 月北京第 1 版**
印　　次　**2024 年 8 月第 1 次印刷**

书　　号　**978-7-02-018859-8**
定　　价　**49.00 元**

如有印装质量问题，请与本社图书销售中心调换。电话：010-65233595

目　录

希望与绝望

在那遥远的大海中央，有一座原始而又宜人的岛屿。那是俄古癸亚岛，是神秘的海之女神卡吕普索的领地。她坐在所住岩洞的入口，一边织着一匹精美的布，一边唱着歌；岛上的树木散发着醉人的芬芳，她的歌声与树上的鸟儿们的鸣唱互相应和。女神有着美丽的发辫，神情欢快。她恋爱了，而她的恋人就在不远处。

在岛的另一端，高贵的尤利西斯面朝紫罗兰色的大海，双手抱头而坐，抽噎啜泣。他思念自己忠诚的妻子珀涅罗珀，她应该就在伊塔刻岛上盼着他回去。他也想念自己的儿子忒勒玛科斯，他在自己出征攻打**特洛伊**时还只是个婴儿，现在应该已经长成一个年轻小伙了。尤利西斯多么想与他们重聚啊！

在那遥远的奥林匹斯山顶，享有至福的诸神聚集在他们的王——支配乌云的宙斯的宫殿前。诸神都在，除了能够

特洛伊：小亚细亚的城邦。尤利西斯与所有古希腊城邦的国王一样曾出征特洛伊，起因是希腊的王后海伦被特洛伊的帕里斯王子带走了。希腊人用了十年才攻破特洛伊城，随后将其毁灭。

撼动大地的波塞冬。他诡计多端，正是尤利西斯最大的敌人。尤利西斯曾重伤了他的儿子波吕斐摩斯，但今天，波塞冬前去埃塞俄比亚人那儿赴宴了。于是拥有猫头鹰之眼的雅典娜前来调解，想帮助她所庇护的尤利西斯。

"克洛诺斯之子宙斯啊，还有你们，诸位神明，你们怎么能接受这样一件不公平的事呢？所有在特洛伊城下战斗过、最后还生还的国王，在很久以前就都已回归各自的家乡，与他们亲爱的妻子团聚了。**虔诚的**尤利西斯曾做出了巨大牺牲，你们却任他在卡

虔诚的：指尊敬神明的人。

吕普索那镀金的监狱里哭泣？无论如何，他离家已将近二十年，是时候让他重归故里了。他那忠诚的妻子珀涅罗珀正被妄想娶她的求婚者们纠缠不休。那些人不愿离开尤利西斯的宫殿，还侵吞了他的羊群，有的甚至企图刺杀他的儿子忒勒玛科斯。你们难道没有一点儿同情心，没有一点儿正义感吗？"

拥有猫头鹰之眼的女神雅典娜还有诸神都在等候宙斯的答复。

"雅典娜，我的女儿啊，你别生气。你说得有道理，高贵的拉厄（è）耳忒斯之子尤利西斯终将回归家乡。但

是在那之前，他必须从**淮阿喀亚人**的海岸登陆。双脚带有翅膀的信使赫耳墨斯，请立即赶往大海中央，找到卡吕普索，要她为尤利西斯提供一艘船，好让他回去。"

拥有猫头鹰之眼的雅典娜对这个答复很满意，于是拿起她那把强大的**标枪**，奔赴伊塔刻岛，为聪明的尤利西斯之子忒勒玛科斯带去忠告与庇护。

> **淮阿喀亚人**：一个虚构的部族。
> **标枪**：投掷型武器，比长矛更细。

与此同时，赫耳墨斯穿着带有翅膀的鞋子，一路乘风破浪，很快就找到了俄古癸亚岛。他来到卡吕普索跟前，给她带来克洛诺斯之子——宙斯的口谕。沉沉悲伤袭上女神卡吕普索的心头，她不禁爆发出自己的怨言：

"你们还想要什么呢，奥林匹斯山上的诸神？你们拥有天空与大地，还有深不见底的海洋；而我，我只想拥有这座小岛和这个男子的爱。这对你们来说也过分了吗？女神就无权爱上凡人了吗？要知道，是我收留了尤利西斯，当时他在海难中失去了最后的同伴，精疲力竭……唉，我清楚说这些话都是徒劳。也罢，我给尤利西斯的将不是配有好桨的船只。我离群索居，并没有船。我要给他的是，能够制作一只载他渡过咸涩深海的坚固木筏的材料。"

"女神卡吕普索啊，"赫耳墨斯答道，"我了解你的悲伤，但这就是尤利西斯的命运。无论凡人还是神明，没有谁能够反抗命运的安排。"

宙斯的信使赫耳墨斯离开之后，有着美丽发辫的女神恢复镇定，并在沙滩上与拉厄耳忒斯之子——尤利西斯重聚。

"高贵的尤利西斯啊，我多么希望能够把你留在我身边，并赐予你不灭永生。可既然你这么多年来始终渴望归去，那就回去吧！我会赠予你制造坚固木筏的材料，它将把你一直带去淮阿喀亚人的土地上。只有他们能够送你回家。但你得知道，你的苦难尚未终结。你在重返伊塔刻之前，甚至抵达之后，都将遭受重重磨难。"

自此，再无能够阻拦尤利西斯之事。他一想到自己即将启程，内心就充满喜悦。

第二天一早，他就着手建造一只坚固的木筏：它由二十根树干相连建成，上面竖立一根高高的桅杆挂着船帆，还配备一个有力的船舵。他只用了四天就完工了。第五天，女神给木筏装上物资与礼品后，就为他送上了一阵助力的和风。尤利西斯扬帆起航了！

尤利西斯留意天上的星辰，顺利航行了十七天。在第十八天，他看到淮阿喀亚人的陆地透过雾气显露出来。

这时，波塞冬乘坐他的马车突然出现，他刚从埃塞俄比亚人的宴会上回来。他发现了木筏！看到尤利西斯离目的地近在咫（zhǐ）尺，他盛怒不已，抓起三叉戟（jǐ）击

向大海。顷刻间，大海像脱缰的野马，掀起汹涌波涛，浪花四溅。波塞冬仍在空中召唤沉沉乌云，那一刻犹如黑夜降临。

最后海神激起狂风：**欧洛斯、诺托斯、仄（zè）费洛斯和玻瑞阿斯**随心所欲地吹扫呼啸。

欧洛斯、诺托斯、仄费洛斯和玻瑞阿斯：分别是东风神、南风神、西风神和北风神的名字。

尤利西斯在木筏上四肢颤抖，双膝发软，心神不安。他紧紧抓住船舵，哭号哀叹：

"不幸如我啊，卡吕普索的警告看来并非空穴来风！唉，要是我战死在特洛伊城下就好了，这样我至少能拥有葬礼与名誉！可事到如今，只有毫无荣光的死亡将我带走，远离人世。"

这时候，一股巨大的海浪拍在木筏上，将紧紧抓住舵的尤利西斯拖入了咸涩的漩涡。疾风刮断了桅杆，船帆落入海中。尤利西斯被波涛淹没了。看到这一切的波塞冬心满意足，扬鞭策马，驾车远去。

但那勇敢的英雄再次浮出了海面，咳出苦涩的海水，重获呼吸。尽管精疲力竭，他仍向着木筏游去并成功爬了上去。不过，飘摇在风浪之中的他感到自己已到了生命的尽头。

一位名叫伊诺的海中**宁芙**看到了他，心生怜悯。她化身为一只海鸥，落在他身旁：

"不幸的人啊，那**裂地之神**竟恨你如此之深？来吧，遵循我的忠告，脱去使你沉重的衣物，舍弃木筏，用你所有力量一直游到淮阿喀亚人的土地上。只有在那儿，你的命运才能将你送回去。带上这不灭的头巾，它能载你游在咸腥的海上。但在抵达之后，你要把它远远地扔进浪潮之中。"

接着海鸥便飞了起来，继而扎进苦涩的波浪。

谨慎的尤利西斯犹豫了，担心这是一个圈套。但一浪高过一浪的汹涌波涛使他下定决心听从宁芙的忠告。他跳进了水里，被头巾托着，竭尽全力地游啊游，一直不停歇。最后，他接近了海岸……可那儿只有礁石峭壁，咆哮的浪涛打在上面撞得粉碎！他只好沿着海岸往前游，希望能够找到一片小湾或海滩。精疲力竭之中，他终于抵达一条河流的入海口。他立马向河神祈祷，恳求止住水流，好让自己靠岸登陆。河神听到了尤利西斯的祈求，中止了水流，将他带离重重漩涡。勇敢的英雄终于合上眼睛，任自己向前漂去。醒来时，他发现自己躺在河岸边，受了伤，浑身湿漉漉的，软绵无力。

当他重新能够呼吸、恢复意识后，他解下了宁芙的头巾，将它扔进河流中。接着，他在亲吻了长着麦子的土地之后，环顾四周想寻找一个安全的歇脚之处，好抵御严寒与野兽的侵袭，要知道他还尚未摆脱死亡的阴影！他选定了一片近处的小树丛，那儿生长着两棵树，枝繁叶茂而且紧密相挨，阳光和雨水都不能穿过。树下有大量落叶，能够盖住好几个人。尤利西斯很高兴，他躺在这柔软的"大床"上，把尽可能多的树叶覆盖在身上。随即，雅典娜则将甜美的睡意倾注进他的双眸（móu）。

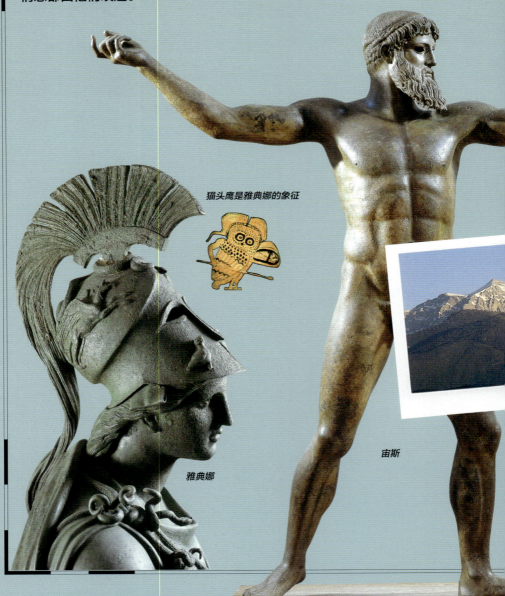

古希腊神话中的神灵
整个大自然都居住着神灵，但主要的神灵住在奥林匹斯山上，人类的情感都由他们唤起。

雅典娜：智慧女神
雅典娜是宙斯的女儿，她从父亲的头颅中诞生，一出生就已全副武装。她是战争与智慧女神。

在特洛伊战争当中，她支持希腊人一方，庇护了多名英雄，其中就有她最喜欢的尤利西斯。

猫头鹰是雅典娜的象征

雅典娜

宙斯

> **"在那遥远的奥林匹斯山顶，享有至福的诸神聚集在他们的王——支配乌云的宙斯的宫殿前。"**

宙斯：奥林匹斯众神之王

天空之神，人们常将宙斯塑造成手持霹雳、准备掷向他要惩罚之恶人的形象。他是人间正义的维护者，是旅人、乞丐抑或是异乡人的庇护者。他是其他奥林匹斯神灵的兄弟或父亲。

波塞冬

宙斯的兄弟，他统治海洋，拥有众多其他神灵的协助。这是一个令人生畏的神：他带着三叉戟，能够激起风暴与海啸。

赫耳墨斯

他是宙斯与迈亚的儿子，是一名少年神灵，所以没有胡须。他的鞋上有小翅膀，能够助他破空飞翔。他是宙斯的信使，同时也是交通与商业之神……他还是小偷之神！也正是他负责接引死者的灵魂，陪他们去往冥界。

奥林匹斯山

奥林匹斯诸神居住在奥林匹斯山上常人难以企及、积雪覆盖的高处。

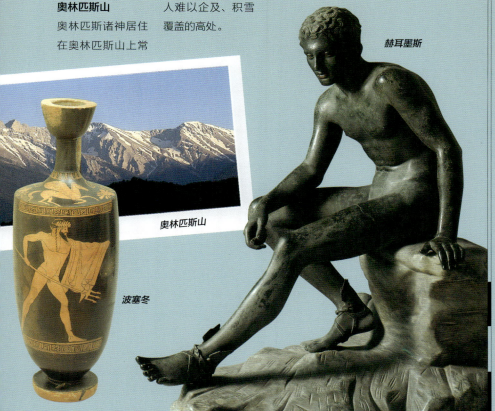

赫耳墨斯

奥林匹斯山

波塞冬

被一位公主拯救

在尤利西斯熟睡的时候，雅典娜匆匆赶往淮阿喀亚人的城邦。一到宫殿，她就直奔瑙西卡的闺房，她是聪明的国王阿尔喀诺俄斯的女儿。公主正在一众女仆的陪伴下休憩（qì），她优雅的魅力令卧室熠（yì）熠生辉。女神化作瑙西卡的一名伙伴的模样，进入她的梦境：

"瑙西卡，你在想什么呢？你毫不关心带着刺绣的服饰，或是家中华丽的织物，而你的婚期已经临近。你得穿上最美的衣服，还要给随嫁的仆从准备漂亮的服饰。你不去河边洗长衫、头巾和腰带，又在等待什么呢？你一醒来就向你父亲请求，要他给你准备将脏衣服载去河边的骡子和搬运车。可别耽搁了！"

接着智慧女神便向奥林匹斯山飞去。在曙光女神厄俄斯伸出粉色手指之际，瑙西卡苏醒了，对梦境惊异不已。她马上赶去报告父王：

"父王，您能不能为我准备一辆货车和几头骡子，好让我去河边洗衣服？所有华贵的服饰、美丽的绣品织物都脏了，沾有污迹，我可不想让您穿着这样的脏衣出席会议。还有我的那五个兄弟，他们已经没有跳舞穿的衣服了。我得把所有衣物都拿去洗了！"

年轻的公主没敢跟父亲谈起自己的婚礼，她会因此脸红的。但老父亲立刻就明白了，微笑着赐予她所求之物。

不久，骡子们就配好了鞍辔（pèi），套上了货车。瑙西卡在女仆们的跟随下将珍贵的衣物装上车。她的母亲带来一个装满食物的篮子和一个金色的小瓶，小瓶里面装着少女们沐浴之后涂抹身体的香脂。公主登上骡车，抓起缰绳。鞭声响起，骡子们一路小跑，蹄声回荡。就这样，她们出发了！

河岸边有许多凹陷的水坑，形成完美的洗衣池，姑娘们便在此处停下。她们卸下骡子的套具，让它们去享用柔嫩的青草，然后拿起衣物走到洗衣池处，放入纯净而澄澈的水中，用双脚不断踩踏衣物。终于，长衫和头巾都洗干净了，她们便把洗好的衣物平铺在河边的鹅卵石上晒干。这下，她们就有时间下水洗澡、涂抹香脂、享用午餐了。然后她们一边等待阳光晒干洁净华美的衣物，一边玩起了球。

　　正当她们玩累了准备离开的时候，雅典娜出现了，她想要让尤利西斯醒过来！她让球偏离了方向，从少女手中溜走，掉进了一个漩涡里。觉察到少女们的叫喊声，

尤利西斯从睡梦中醒来，坐起了身：

"真倒霉，这些喊叫声是谁发出的？我漂到哪儿了？是在蛮横粗野、不明正义之人的土地上，还是在虔诚好客者的国度？让我去瞧瞧吧！"

他扯下一根长满树叶的枝条遮挡赤裸的身躯，然后走出了树丛。他看上去太吓人了，吓得女仆们四下奔逃。只有瑙西卡没动，雅典娜给了她勇气。尤利西斯害怕接近有着雪白手臂的公主时吓到她，远远地就用蜜糖般的话语恳求道：

"我不知您是公主还是女神，我只知道您美丽异常！**请让我拥抱您的双膝**。若您是凡人，那您的父亲与母亲三生有幸。尤其是能够迎娶您的男子，他更是三生有幸！公主啊，我不敢触碰您的双膝，但我祈求您，在您面前的是一个遭受海难的悲惨之人，他受到了波涛和风暴的重创。公主啊，我恳求您，可怜可怜我吧！请指给我进城的道路，再给我一小块布遮蔽身体。愿众神回馈您一切您内心所想要的东西！"

请让我拥抱您的双膝：
恳求者在请求帮助与保护时一种礼节性的姿态。

"异乡人，你的话令我很感动，"瑙西卡答道，"这可不是一个无能者会说出的！记住，你已经来到了淮阿喀亚人的国度。我叫瑙西卡，是国王阿尔喀诺俄斯的女儿。你会得到你所希望的东西，因为我们尊重乞丐与恳求者，他们都是宙斯的使者。"

公主唤回女仆，斥责了她们逃跑的行为，并命令她们为尤利西斯沐浴。可尤利西斯羞于自己的肮脏不堪，谢绝了她们的帮助，独自在一旁的水潭中把身体与头发使劲清洗干净。接着他高兴地拿起女仆们放下的小金瓶——他太久没往身上抹芬芳的香脂了！最后他穿上瑙西卡给的长衫，来到姑娘们面前。雅典娜在他肩膀上注入优雅、魅力与**堂堂仪表**，尤利西斯有如神明下凡，而公主见到英雄激动万分，向随从们吐露心声：

> **堂堂仪表**：庄严而优雅的容貌举止。

"这位异乡人拥有如此高贵的仪态，毫无疑问他受众神喜爱。我愿意接受这样的男人为丈夫！仆人们，快去给他准备吃的和喝的。"

少女们在尤利西斯身边忙活着，而他则狼吞虎咽。接着瑙西卡向他提议道：

"异乡人，我们现在就出发吧。但是一进城，你得先找到港口附近雅典娜的小树林，耐心地在那儿等候，我得先回到父母身边。接着，你要寻找宫殿，其实你轻易就能找到，因为没有任何住宅能够媲（pì）美虔诚的阿尔喀诺俄斯的宫殿。穿过大厅，别在国王面前停留，直接上前拥抱我母亲的双膝，她是高尚的阿瑞忒。你很容易就能认出她：她坐在炉灶边，映着火光，用纺纱锤织着羊毛。你要是能争取到她的欢心，你的一切愿望就都能得到应允。"

于是他们出发了。瑙西卡坐在骡子拉的货车上，尤利西斯和女仆们走在两旁。太阳落山的时候，他们来到了雅典娜的树林。少女们沿着路继续前行，而英雄则席地而坐，向有猫头鹰之眼的女神祷告，恳求她给自己带来帮助与庇护。女神听到了他的祈祷。过了一会儿，尤利西斯重新往前走的时候，雅典娜用水汽围绕他，使他隐藏起来，不为人所见，其目的是避免遇到哪个不怀好意的淮阿喀亚人。接着她接近尤利西斯，化身为一个顶着水罐的年轻姑娘，引导他直至虔诚的阿尔喀诺俄斯与妻子阿瑞忒的宫殿。

一路上，尤利西斯欣赏着港口与飞驶的**帆船**、城墙与高高的围栏。而他更因闪耀着日月光华的宫殿而震撼：青铜的墙壁、深蓝珐琅（fà láng）的穹（qióng）顶、银色的门扉配金色的把手，甚至守门的

帆船：大船或巨舰。

狗的雕像都是金银铸成的。花园也不同凡响：树木、花卉与果实一年四季都有生长，它们的色彩与香味和谐交融，不分冬夏。这就是众神赐予虔诚的阿尔喀诺俄斯的礼物。

惊讶于这些奇观之后，尤利西斯迈着坚定的步伐走进大厅。那里站着高贵的淮阿喀亚人，他们正在用杯子浇洒睡前最后的**奠酒**。尤利西斯没有迟疑，穿过大厅，拥抱王后的双膝。与此同时，雅典娜散去了令他隐身的雾气。看到一名男子突然出现在脚边，阿瑞忒惊讶地说不出话来。尤利西斯于是向王后陈述自己的请求：

"阿瑞忒啊，我经历了重重磨难与困苦，来到您的双膝下，向您和您的丈夫求助。愿众神赐予你们幸福和昌盛！可也请你们给予我返回故国、回到家人身边的方法，我与他们已经分离太久了！"

奠酒：仪式性的举动。人们往地上或祭坛上洒葡萄酒（或牛奶、水……），来向神灵表达敬意，然后会喝掉剩余的酒。

洗手：人们在宗教活动以及用餐之前都会洗手。

说罢他坐在了炉灶的灰烬上，沉默不语。阿尔喀诺俄斯立即将他扶了起来，让他坐在自己身边饰有银钉的漂亮座椅上。仆从们奉上**洗手**用的水，并在他跟前摆上一张放满菜肴的桌子。在尤利西斯用餐饮酒的时候，国王命人将葡萄酒混入专用的**双耳爵**中，用以向宙斯——
祈求者们的庇护神——举行浇祭仪式。
在所有人都洒了奠酒，且喝饱之后，阿
尔喀诺俄斯下令淮阿喀亚人第二天起就

双耳爵：用于混合葡萄酒和水的大型容器（古时葡萄酒的酒精浓度很高），人们会用杯子或罐子从中舀酒喝。

为这位异乡人准备一艘能助他返回故土的帆船。为了庆祝此事，国王还亲自举办了一场盛大的宴会，并有献祭和筵席，之后所有淮阿喀亚的年轻贵族都会参加竞技比赛。众人一致称赞尤利西斯，而他则按照惯常礼仪一一道谢，然后大家都回去睡觉了。

女仆们为尤利西斯铺设了一张舒适的床，而另一边阿尔喀诺俄斯则在妻子陪伴下回了自己的寝殿，留下尤利西斯好好休息。

供奉与祭祀 有私人与公共之分，会有规律地安排在古希腊人的生活当中。遇到任何情况，不管是寻求意见、表示感谢还是祈求帮助与救济，古希腊人都会与神灵们联系。

供奉

这是家庭内进行的最常见的仪式，人们会献上水果、奶酪、蛋糕等。用于感谢时，还会献上更为贵重的物品：壶罐、三足鼎、雕塑等。

献祭动物

这出现在公共祭祀当中：这些仪式引人入胜而且昂贵——尤其是宰牛献祭。仪式在露天的祭坛上举行。最常使用的动物是家养的，而且它们的身体不能有缺陷，人们会给它们装饰头带或花环。

浇祭

这是最常见的宗教仪式。人们往祭坛上或直接往地上浇洒牛奶、水、葡萄酒或一种蜂蜜酿的甜酒。浇祭仪式常用一个杯子来完成，仪式参与者们之后还会饮下剩余的液体。

> **"国王命人将葡萄酒混入专用的双耳爵中，用以向宙斯——祈求者们的庇护神——举行浇祭仪式。"**

被牵往祭典的牛

预知未来

人们向众神请教私人或公共事务，并会把祭品献给某位神的庙宇以寻求指点。在德尔斐，阿波罗通过女祭司皮媞亚传达神谕，她给人的答复晦涩难懂。而在多多尼，宙斯则通过一棵神圣的橡树显露神谕！

祭品的献祭

在割喉宰杀献祭用的动物之前，人们会先洒圣水、撒种子。接着，祭司会把肉切成块，再进行分配。浇上葡萄酒的骨头和脂肪会用火烧；产生的烟就是给众神享用的。内脏先被检查，然后串在长长的签子上炙烤。最后肉会被分给宾客。

鹈鹕的飞行

向阿波罗献祭的场景

在淮阿喀亚人的土地上

当曙光女神厄俄斯的粉色手指再次出现的时候，国王命人献祭了十二头母羊、八头白牙的公猪以及两头弯腿的牛，它们都被切分好，以供宴会享用。老老少少围着摆好的桌子入席就坐，而他们之中还有歌声优美的**歌者**得摩多科斯，他是盲人，由一个仆从带领着。

当众人酒足饭饱之后，得摩多科斯接过递来的**竖琴**，歌颂起特洛伊之战的英雄们：阿伽门农、阿喀琉斯、尤利西斯以及众多其他人……每个人都内心快活，除了尤利西斯，他拉起衣服下摆遮在眼睛上，掩饰自己的呜咽。

在此之后，阿尔喀诺俄斯发令开始比赛。所有人都起身，一同前往**阿哥拉**，连盲歌者也被牵着领过去。大家在年轻人即将比赛的场地边就坐，不愿错过任何表演。

竞技从赛跑开始：跑步选手们飞奔过田野，尘土飞扬。接着是角力、跳远和掷铁饼，最后是拳击。可是当比赛临近尾声的时候突发了一起意外。阿尔喀诺俄斯的

歌者：当众演唱自己的作品的诗人。

竖琴：一种乐器，弹拨琴弦可演奏音乐。

阿哥拉：位于城邦中心的公共广场。

儿子拉奥达马斯招呼尤利西斯道：

"异乡人，你仪表堂堂，肯定学过竞技比赛！忘了你的忧愁，也去试试吧。"

"拉奥达马斯，"尤利西斯回答道，"为什么要开这种玩笑呢？我忧虑太深，无心参赛。"

角力比赛的胜者欧律阿罗斯倨（jù）傲不恭，显然是在寻隙挑衅（xìn），他说道：

"不对，你可没有竞技的经验，只有航海经历。你只是个商贩，或许还是个海盗，反正肯定不是运动员！"

"这是什么话，接待我的主人！我对竞技比赛并非一窍不通，只是因为不幸使我筋疲力尽。不过你的傲慢不逊惹恼了我，我要以行动来回应你的挑衅！"

说完，尤利西斯一跃而起，拿起一个最厚最沉的铁饼，通过身体的飞速旋转将铁饼投了出去，铁饼飞得比在地上留下的所有印记都远了一大截。于是轮到他向淮阿喀亚人发起挑战：

"年轻人们，试试扔得更远吧！要是你们愿意，不只是铁饼，在跳远、角力和拳击上我都能与你们较量，因为你们激怒了我！只有拉奥达马斯，我不会跟他较量，因为他是我恩人的儿子，我不能向款待我的人挑战。至于其他人，我可不怕与之竞争。"

话说完，全场久久沉寂。阿尔喀诺俄斯打破僵局道：

"异乡人啊，请平息你的怒气。在场没有人会质疑你的才能，你不必与我们较量。再说我们也不擅长拳击或角力，但我们能够飞快地奔跑与航行，又精通舞蹈与歌唱，也是筵席之乐的爱好者。你返回故土之后便可以这么描述我们。来吧，淮阿喀亚人，向客人展示我们擅长做的事吧，让我们把时间留给歌者和他的竖琴吧！"

人们立即在阿哥拉的中心清扫出一方空地，而年轻的舞者们围绕在得摩多科斯身边，随着歌声的节奏起舞。包括尤利西斯在内的所有观众都专注地聆听歌者的演唱。接着轮到拉奥达马斯和他兄弟哈利奥斯来到人群中心展现才艺。首先他们相互传球，并一边翻滚、跳跃，一边接球，动作的灵活与精准令人赞叹。接着他们随着得摩多科斯的竖琴声跳起优美的舞蹈。其他年轻人也加入了他们，随节拍起舞。这场演出使尤利西斯赞叹不已，并向阿尔喀诺俄斯称颂。而阿尔喀诺俄斯则对出席的最高贵的人们说：

"淮阿喀亚人啊，我们的宾客是个优秀英勇的人。现在让我们给予他**款待之礼**。我们每个人都给他一件精美的长

款待之礼：按照礼仪，主人（接待方）会向他的客人赠送礼物。慷慨的行为是富有和高贵的标志。

塔兰同：最初是重量单位（约等于 26 千克），后来用作钱币单位。

衫、一件披风以及一**塔兰同**的金子，尤其是欧律阿罗斯，更要赠予异乡人精美的礼物以平息那合情合理的怒气。"

众人一致同意，并履行了号召。至于欧律阿罗斯，他向尤利西斯赠送了一柄青铜剑，剑柄是银色的，剑鞘是象牙色的，然后他说道：

"异乡人，若我说错了话，愿它们被风带走吧！愿众神允许你返回家乡，与亲人重聚，因为你已饱受苦难！"

"感谢这把利剑和这番抚慰人心的话语，欧律阿罗斯，愿众神带给你幸福！"

太阳快落山的时候，所有礼物皆被送上。阿尔喀诺俄斯令人搬来一个巨大的箱子，那是他拥有的最精美的一个，用来存放礼物。他还另外增添了一个金杯，以便让他的宾客返回故乡后，在向众神进行浇祭仪式时能回忆起自己。然后他让阿瑞忒命人给异乡人准备沐浴，之后将有一场宴会使大家重聚一堂。

女仆们给尤利西斯沐浴并擦干后，又为他抹油，并递给他一件上等的长衫和一块精美的披风。他于是跟宾客们在大厅重聚。瑙西卡也在那儿，她怀着仰慕之情看着向她走来的尤利西斯。

"祝你好运，异乡人！你回归故土之后要记得我，因为是我最先救了你一命！"

"瑙西卡，愿宙斯保佑我返回家乡！即使在那儿，我也不会停止如同向女神祈祷那样为您祝福，因为是您挽救了我的生命。"

宴会开始了。众人都落座，而歌者得摩多科斯则坐在宾客中心。尤利西斯让人分给他一大块肉，以向他表示敬意与尊重。而当众人吃饱喝足后，他请得摩多科斯改唱新的一段颂扬特洛伊战争的诗歌，这一节讲的是雅典娜与**埃佩奥斯**设计木马陷阱，为希腊人带来胜利的故事。

盲歌人拿起他的竖琴，讲述希腊人如何登上战船，离开特洛伊人的海岸。他们在沙滩假装遗弃了一只巨大的木马，木

埃佩奥斯：制造了特洛伊木马的希腊人的名字。

马腹部中空，里面藏着静默不语的希腊最优秀的战士。特洛伊人并没有意识到潜藏的危险，他们不知道是该破坏这只木马，还是要将它送进城内作为供品献给众神。他们做出了错误的决定（迎接他们的命运就是灭亡！），把木马

运到了城墙内。午夜时分，希腊的英雄们从他们的藏身之处悄悄地出来，为在黑暗中已经登陆的其他战士打开城门。于是全军一起开始屠杀特洛伊人，占领了他们的城市。

歌者歌颂了骁勇的英雄们的丰功伟绩，其中有慷慨的**墨涅拉俄斯**，还有能与战神**阿瑞斯**媲美的尤利西斯。

记忆被唤醒了，尤利西斯忘我地倾听着，难以忍住热泪。虔诚的阿尔喀诺俄斯看到了这番景象，站起身来说道：

"淮阿喀亚人们，得摩多科斯的歌

墨涅拉俄斯： 海伦的丈夫。就是他的妻子被特洛伊王子带走，而引发了特洛伊战争。

阿瑞斯： 战争之神。

扰乱了我们客人的心神。尽管歌声使我们愉悦，但为他着想，我认为最好让歌者停下。我的客人，请放心，你定能回去，我们会为你提供优秀的护航队。但在这之前，请直截了当地回答我的问题：异乡人，你是谁，你的父母又是谁，你是从何处而来？我得知道这些，好让我们的帆船送你重返故国！告诉我们将你带至此地的不幸，以及为何歌者的吟唱令你如此心神不宁。"

"智慧的阿尔喀诺俄斯啊，我该从何说起呢？既然我是您的客人，就先**从我的名字开始**吧。我名为尤利西斯，是拉厄耳忒斯之子。我住在伊塔刻岛上：那是我的岛屿，对我而言没有任何地方比它更美好。既然您要我讲述我的奇特经历，那么我将为

从我的名字开始： 友谊建立在诚实与互相支持的基础上。说出自己的名字，就是基本规则之一。

您述说在我们取得胜利、占领特洛伊城之后返程的旅途。我还会述说宙斯降在我身上的一切不幸。"

古希腊的竞技比赛 是为了向某个神表示敬意而在其神庙圣所进行的，日期固定。在尤利西斯的时代，人们会在葬礼或是颂扬神灵时进行这类比赛。比赛会伴随献祭典礼以及仪式性的宴会。

参与者

只有男性（成人或是青少年，依比赛项目而定）才能参加竞技比赛。

双驾马车竞赛

"阿尔喀诺俄斯发令开始比赛。所有人都起身，一同前往阿哥拉……"

双驾马车竞赛

双驾马车竞赛的获胜者并非驾车的人，而是战车和马的拥有者。优胜者获得的声誉之高，使得贵族或富人在一场比赛中会派出好几辆战车！

休战

在泛希腊运动会（聚集了所有希腊人的运动会）期间，人们会休战，好让每个人甚至是处于战事当中的城邦居民都能参加运动会。

运动员

不论是投掷，还是角力或赛跑（除了马车竞赛），青少年和成年人都赤身裸体地比赛。此外，运动员们锻炼的地方，也就是体育馆，这个词语在古希腊语中来源于表示赤裸的"gymnos"一词。

赛跑运动员或年轻的摔跤运动员

奥林匹亚的宙斯神庙

奥林匹亚运动场的入口

橄榄树的枝条

奥林匹亚

在奥林匹亚内，耸立着一座相当壮观的宙斯神庙。为了向宙斯表示敬意，每隔四年举办一次的奥林匹克运动会，让来自希腊所有城邦的运动员汇聚一堂。其他聚集所有希腊人的运动会有：每两年在尼米亚举行的尼米亚竞技会，在德尔斐举办的皮提亚竞技会（为了向另一位神明——阿波罗表达敬意），还有在科林斯举行的科林斯地峡竞技会。

正在盥洗的运动员

角力的场景

身体的保养

古希腊人喜欢沐浴与涂抹油脂，以此保养身体。在竞赛之后，运动员们应当清洗身体，擦去污垢。他们使用一种弯弯的刮杆来去除满身混合了尘土与汗水的油。

胜利

获胜者会得到一个简单的由月桂或橄榄枝制成的花冠，而他们的功绩会得到诗人的歌颂。

尤利西斯最初的厄运

"那时我们顺风出航，风将我们带至**基科涅斯**人的海岸。我们一下船，就攻入城市，杀死男性，掳（lǔ）走妇女，洗劫财宝。然而，在分配了战利品之后，我的士兵们——那些糊涂虫！——他们没有立即出发，而是留在原处设宴作乐。一行人大吃大喝。到了早晨，城内突然拥入众多基科涅斯人。他们不仅人数多，装备也更精良，屠杀了大批我方士兵。我们这艘船损失了六人，而其他船上的人则成功逃走，负伤出航。

"只要所有航行的要素——风、浪、洋流——不在船只通过**马勒亚海角**时结为同盟与我们作对的话，我本来是能够重返故国的。此后九天里，死亡之风把我们向后推，到了第十天，我们才在**洛托法戈伊人**的土地上登陆。

"我派了三个同伴前去向当地居民打听这片海岸的情况。哦，那些洛托法戈伊

基科涅斯： 色雷斯地区（希腊东北部）的城市。

马勒亚海角： 位于希腊东南部。这个海角是爱琴海（东侧）与爱奥尼亚海（西侧）之间航道的咽喉所在，并且此处还象征着现实世界与幻想世界的边界。

洛托法戈伊人： 亦称食花者，一个虚构的部族。

人并没有伤害我派去的人，没有！他们只是给了那几个士兵一些忘忧花作为食物，这是一种美味的植物，能让人忘记一切。于是我的同伴们忘却了他们此行的目的。从此他们唯一的渴望就只有吃忘忧花了。我们只好将不断哭号呻吟的他们强行带上船。我们即刻再次起航，害怕其他人再吃下这种会带来不幸的植物。

"就这样，我们一直航行到了**库克洛普斯人**的国度。

库克洛普斯人： 只在额头长着一只眼睛的独眼巨人。

那里的人们生活毫无法纪，不事农业种植，所幸这片土地给予他们丰富的水果与谷物。独眼巨人们住在各自的岩洞里，拥有自己的领地。我们在稍远处一座树木繁茂的小岛上靠岸下船。由于库克洛普斯人没有帆船，岛上的山羊从未遭到捕杀，数量多得数也数不清。休息片刻之后，我们出发去捕猎，尽情宰杀猎物。接下来的宴会太美妙了！我们还拥有大量从基科涅斯人那儿获取的葡萄酒用来佐餐。之后我们好好睡了一觉。

"在粉色手指的黎明女神厄俄斯出现之际，我向同伴们吐露了我对正升起袅袅烟雾、传来绵羊咩咩叫声的对岸的好奇，以及想前去探索的渴望。我说：'我想弄明白那里的居民是蛮横无理、不明正义之徒，还是虔诚

又好客的人呢？'

"于是我与同伴们登上船，其他人则留在岛上。

"渡海到对岸后，我们在岸边发现了一个巨大的洞穴。那里四周耸立着岩石与茂密的树木，如同围墙，可供大量牲畜藏匿并安全过夜。这一定是一个巨大生灵的住处。我建议同伴们留在船的附近看守，只带上最勇敢的十二人与我同行。由于我不确定迎接我们的将会是什么，便带上了一些食物，其中有一个硕大的**皮袋**，里面装满了一种黑色的美酒，纯净不掺杂质。

"洞穴里除了大量小绵羊与小山羊外没有任何人。奶酪晾在**柳条置物架**里。我的战士们那时只有一个想法：带走所有能够装上船的东西，并立即离开。可我这个可怜的糊涂虫，无论如何都想见到此地的主人，好看看他会给我怎样的款待之礼！

皮袋：由动物的皮缝制而成的袋子，用于装运液体。

柳条置物架：用柳条编织而成的置物架。

"于是我们吃了奶酪后便在洞里等候主人。可当他抱着一大捆干木材回来后，躲在洞穴深处的我们害怕得发抖。他巨大无比，比起一个食用面包的人类更像是一座环抱着木材的山峰。接着他把要挤奶的母羊们赶到洞里，把公羊们留在外面由岩石、树木构成的围篱内，又用一块巨大的岩石作为门扉堵住洞穴。二十辆四轮运货车都没法将这巨石挪开！巨人开始工作，给母羊挤奶并把羊奶收集起来，一部分喝，一部分用于**凝结**制成奶酪。

凝结：要做奶酪，得先让奶凝结成块，然后把固体的奶块从液体中分离出来：正是这些凝块被干燥之后变成了奶酪。

然后他生火准备做晚饭时，发现了在火光中无处藏身的我们：'陌生人，你们是谁，是从何处航行至此的？'

"他的声音如此低沉有力，我们都吓坏了。我回答道：'我们是从特洛伊回乡的希腊人，但是宙斯使我们迷失在咸涩的海上，所以我们来到您这儿恳求您。您看，我触碰了您的双膝，出于对宙斯的尊敬，请您接待我们，给予我们待客之礼。'

"'陌生人，你真是愚蠢！你难道不知道吗，我们库克洛普斯人并不敬畏众神，甚至不怕宙斯！'说着，他抓起我的两个同伴，像摔小狗似的摔碎了他们的头颅，接着他把他们当作晚餐，吃了个干净。我们痛哭着乞求他，却徒劳无功。

"等他吃饱了、喝够了（他只喝羊奶），终于睡着了之后，我起先想将我的剑深深刺入他的肚中，可我及时恢复了镇定：要是我把他杀了，如何才能搬开那块巨石，从洞中出去呢？杀了他，我们只能死在此地！我们必须

暂且忍耐，等待天明。

"当粉色手指的厄俄斯出现的时候，怪物醒了过来，给他的牲畜挤奶，又吞了两人，然后搬开石头，带着他的羊群出洞了，可他随即又将石头搬回原处。我们因同伴的死亡而悲叹，同时也为复仇而反复思考，以下便是我想出的计策。

"靠近岩洞内壁的地方晾着一根与巨人体形相称的青绿木头，它就像一根战舰的桅杆。我锯下一长段木料，交由同伴们将它打磨得十分光滑。而我则将一端削尖，并放在火上烤令它变硬，最后将它藏在遍布洞内地面的羊粪下。做完这一切，我和我的同伴们抽签决定，由谁来趁这个库克洛普斯人睡着的时候，将这根木桩插入他的眼中。命运选出了四个最优秀的人。

"晚上怪物回来，这次他将所有的牲畜赶入洞穴，然后仔细地堵上了洞口。他像往常那样照料牲口，然后又抓住两个人作为他的晚餐。这时我走上前，递给他满满一罐黑色的葡萄酒，说：'库克洛普斯人，喝了这罐酒吧。这原本是我从我们的船上带来，准备向你浇祭致敬，并与你一同畅饮的，可你毫无敬意！'

"这野蛮人接过那非凡的酒水，一饮而尽。他向我要求再来一罐，甚至还跟我保证会送上待客的礼物。我也没有拒绝，再次给了他美酒，接着第三次、第四次。每罐酒他都不假思索地一饮而尽。而我继续说道：'既然你允诺会送我待客的礼物，那我就告诉你我的名字，我叫作"没人"，我的父母、我的朋友，所有人都称我为"没人"。现在告诉我，你给我准备了什么礼物！'

"'我会先吃了你的同伴，最后吃"没人"。这便是我的礼物！'

"说完，这个高高在上的库克洛普斯人仰面倒下了。他已然醉得酣睡起来。在梦中他打着嗝，半张的嘴里流出酒水与口水。我立刻将木桩放到了火炭下，在它炽热滚烫、即将燃烧起来的时候，我把它从火中取出，悄悄接近怪物。然后，我跟选定的人一块儿，旋转着将木桩插入他的独眼中。它就像一个**钻头**似的插入深处，鲜血涌流，睫毛与眉毛都被木桩的热量烤焦……

> **钻头**：长而尖的工具，用于钻、凿，比如开凿窄而深的洞。

"那个库克洛普斯人发出悚人的可怕号叫，吓得我们全部后退。他将沾满鲜血的木桩从他眼睛里——那已然成了巨大的窟窿——拔出，扔到远处。他痛得发疯，向其他库克洛普斯人呼救，而他们答复道：

"'你怎么了，波吕斐摩斯？你为什么叫成这样？有谁使用了诡计或暴力，想要抢劫你或杀害你吗？'

"'"没人"，我的朋友们，"没人"想要通过诡计和暴力来杀我！'

"'好吧，倘若没人对你使用暴力，那就是宙斯给你降下的痛苦，而我们对此无能为力。'

"让我欣喜的是，他们全都离去了。我的计谋成功了！

"波吕斐摩斯，就是那个库克洛普斯人，他呻吟着走到洞口边，搬开石头，然后原地坐下，伸开双臂挡住了洞口。他在想什么呢，想要我们不加提防地冲上去攻击他吗？

"不，我自有解决办法。既然公羊群也进到了洞里，

我便使用巨怪做床的柳条把公羊们三头、三头地系在一起。我把每个同伴都绑在中间的公羊肚子下，好让两侧的公羊保护他们。至于我，选了一头最大的公羊，这可真是一头出色的牲口，我藏在了它肚子下面，手脚并用，紧紧抓住它那厚厚的毛皮。就这样，我们静候黎明女神厄俄斯。

　　"当黎明女神再次出现的时候，公羊们便向外冲去。这个库克洛普斯人用手摸索了每头羊的脊背，却从没想到要把手伸到它们肚子下面：这对我们来说实在幸运！载着我的公羊因为我的重量而放慢了脚步，当它最后经过时，巨人却将它拦下，困惑于它的迟缓：按照惯例正是这头公羊带领羊群的。但他仅仅抚摸了公羊，并对它嘀咕了几句，然后就放它出去了。"

古希腊的土地耕作 这是一项艰苦的工作，因为在这个多山的国家里，土地贫瘠，平坦的土地大多很狭窄。因此古希腊人会向众神祈祷土地丰产。

鱼纹平盘

四季轮回

谷物女神得墨忒耳的女儿珀耳塞福涅是冥界之神哈得斯的妻子。但由于她的母亲不能接受她消失在地底下，并威胁要饿死人类，所以宙斯命令哈得斯让珀耳塞福涅每年春天回到地面。因此春天与夏天两位女神可以让粮食生长；而到了冬天，得墨忒耳哭泣的时候，种子们便如同珀耳塞福涅一样只能待在地底下。

畜牧业和渔业

人们饲养小型牲畜（山羊、猪、绵羊、家禽等）并在海岸附近捕捞鱼和章鱼。

谷物粮食

这是古希腊人的基本食物。他们种植小麦、大麦、黍米等作物，并用这些谷物制作面包、烙饼、蛋糕或是糊和粥。

"接下来的宴会太美妙了！我们还拥有大量从基科涅斯人那儿获取的葡萄酒用来佐餐。"

面包师们揉面做面包

葡萄藤

葡萄藤的种植方法是由狄俄尼索斯传播开来的，他还教会人们使用葡萄酿酒，因此他被尊为酒神。由于葡萄酒很烈，人们常把酒液注入广口陶罐中，用水稀释后再斟酒饮用。酒中可以加入蜂蜜、肉桂、草药等增添香味。

橄榄树

这是雅典娜赐予阿提卡民众（之后被称为雅典人）的树木，是和平的象征，非常珍贵。这种树能结出橄榄，榨取的橄榄油经常出口到其他地方。这种树木在希腊各地都能繁荣生长。

采摘橄榄

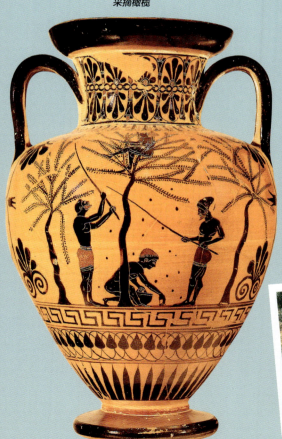

橄榄树园

新的威胁

"当我们远离洞穴后，我率先放开公羊，然后为同伴们松绑。我们把载过自己的羊群往前赶，然后迂回行进，重返我们的船**抛锚**停靠的海湾。我们的同伴看到我们回来，欣喜之情难以言表，而当他们得知其他人的遭遇后，悲痛之心更不必说！我们没有耽误时间，立即将庞大的羊群赶上船，随即扬帆起航。

抛锚：指的是战船在海上放下船锚，而不是停靠在码头或港口。

"此时我们离海岸的距离尚能让人听见声音，我便朝着那个库克洛普斯人喊道：'你或许以为在跟一个任你吞吃他同伴的懦夫打交道吧？这下你受到了惩罚，因为你没有遵守宙斯的律法！还有，若你想知道是被谁所伤，那就记住——我叫尤利西斯，是拉厄耳忒斯之子、伊塔刻岛的国王！'

"一声震耳欲聋的愤怒咆哮回应了我的话语。与此同时，巨怪用尽全力朝我们扔来一块巨大的岩石，差点儿砸在我们的船尾。激起的巨大波涛令人生畏，我们以为死亡迫近了。幸运的是，波浪只是把我们带向了远方。但我仍旧能够听见那巨怪的吼叫：'拉厄耳忒斯之子尤利西斯，愿你因对我所做之事而受到诅咒！波塞冬啊，我向您求助！若我真的是您的儿子，凭您的怒意折磨此人吧，阻止他返回故乡，或者倘若他的命运已经注定，那就让他遭受众多苦难，尽可能晚地返回家乡，孑然一身、悲惨不已。'

"唉，波塞冬听到了他的声音。

"海浪将我们送到等候我们的船只附近。我们欣喜地庆祝能重回船队。我向宙斯献祭了救过我的公羊，我还烤了羊腿，可从此以后宙斯对我的祈祷都充耳不闻了。

"我们划着桨，继续在紫罗兰色的海面上向前航行。

"就这样，我们到达了掌管海风的埃俄罗斯的岛上。这是一座漂浮的岛屿，四周围绕着高高的青铜墙壁。那里住着埃俄罗斯、他的妻子以及十二个孩子：六个男孩、六个女孩。他把女儿们全都嫁给了儿子们。在整整一个月里，我们受到了热情款待，白天与他们一同宴饮。

"到了出发的时候，埃俄罗斯交给我一个牛皮袋，里面装满了除了柔和的西风神仄费洛斯以外的所有风，如此我的返程得以保障。然而，轻率冒失却使我们迷失方向！

"九天平稳的航行之后，在我睡觉时，我的同伴们想看看埃俄罗斯赠予的丰厚礼物是什么。可怜的糊涂虫们！他们打开了袋子，顿时狂风大作！所有被放出来的风朝四面八方刮了起来！我们除了流泪什么也做不了。我甚至差点儿跳水自尽，后来忍住了。

"飓风将我们一直带回埃俄罗斯那儿。可这次，他通过这场意外推断出我们受众神厌恶，便冷酷无情地驱逐了我们。

"我们哀叹着重新出发，筋疲力尽，自此不能再期盼会得到谁的帮助。航行到第七天，我们到达了莱斯特律戈涅斯人的港口。这个港口被海边两座几乎相连的岩石悬崖遮蔽，只留有一条狭窄的航道。所有的船只进入其中后，除了我的那艘以外全都停泊在了港湾里。我不知道是什么预感促使我将缆绳拴在了**航道**中离岸最远的一块岩石上。

航道：可供航行的海面。

"我派遣了三个人前去勘（kān）察。他们遇到一名正在取水的强壮少女，她给他们指明了其父亲——国王安提法忒斯的宫殿所在。可他们一见到山一般高大的王后，就只剩一个念头，那就是逃跑。太晚了，哎呀！安提法忒斯听到她的呼唤，赶来抓住了我们的一个伙伴当作食物！另外两人成功返回船只，然而莱斯特律戈涅斯人战斗的叫喊声已经在峭壁间回荡，可怕的巨人们从各处赶来。他们开始投掷巨大的岩石摧毁船只，接着他们打捞起落入水中的人们，就像捕鱼一般将他们抓住，作为宴会上凄惨的饭食。

"港口发生这一切的时候，我挥剑斩断了固定帆船的缆绳，然后令我那悲痛的同伴们使劲划桨，好让我们尽快远离这致命的海上地狱。

"我们继续划船，直到抵达埃埃厄岛，那里住着拥有美丽发辫的喀耳刻。她是个令人生畏的女神。我们下船来到了一片避风良好的海滩上，两天里一直悲痛不已。到了第三天，我登上高处，发现了一缕烟雾。该不该去一探究竟呢？

"一段插曲给了我信心。在回去的路上，我遇到了一头巨大的雄鹿，并用标枪将其击杀。嘿，我们还不至于饿死！第二天，在一顿振作精神的大餐之后，我召集了麾（huī）下的士兵，决定了接下来要走的路程。

"'伙伴们，我们现在不知道该怎么办，也不知该

往哪里去。这里是座树林密布的低矮岛屿，中间有一座宅邸，里面散出一缕青烟。我们必须知道谁住在那儿，以及能从那儿得到何种帮助。'

"回想起在安提法忒斯以及库克洛普斯人那儿所发生的事，所有的战士都号啕大哭，悲叹不已，然而这些都是徒劳无益的。我把他们分成两队，欧律洛科斯和我分别担任首领。我俩进行了抽签，而被选定的是欧律洛科斯，由他带着二十二个同伴出发了。两队人员哭着道别。

"一路上，他们遇到了狮子与狼群。这些是中了喀耳刻魔法的人类！那群野兽并未冲向他们，而是像狗一样摇着尾巴靠近，并站在不远处。战士们仍小心警惕……但是，一到喀耳刻的宅邸前，听到女神令人钦慕的歌声，他们便不再有疑虑，用力敲门。女神让他们进去的时候，只有欧律洛科斯留在了外面。

"她请他们坐下，并给他们加了蜂蜜的葡萄酒喝，酒里掺有一种魔药。他们喝了酒之后，喀耳刻便用魔杖触碰他们，于是他们变成了长着猪嘴和猪鬃的猪！只是他们还保留着人的思想，除此之外完全成了猪的模样。他们哭得泪流满面，而女神将他们关进了猪圈。

"逃回来的欧律洛科斯哭着向我们讲述了他亲眼所见的一切。事不宜迟，我带上武器向可怕的女神住处赶去。

　　"在路上，我遇到了化作少年模样的赫耳墨斯。他同情我，交给了我一种救命的药草，能保护我不受喀耳刻的魔药影响。此外，他还告诉了我战胜女神的方法，好拯救我的同伴。然后他重新踏上前往奥林匹斯的道路，消失在我的眼前。

　　"没多久，我到达了喀耳刻的宅邸。我在门外呼唤，

她便让我进去，并给我掺了魔药的酒喝。如预期的那样，这酒对我毫无效力，女神魔杖的触碰也一样。我遵循赫耳墨斯的忠告，拿起剑威胁女主人，令她瘫倒在我的膝下。

"'你就是尤利西斯！据说有朝一日只有你能够抵御我的魔力！将你的利剑收回剑鞘吧，我让你做我的丈夫，这便是你我互表诚信的保证！'

'不行，女神，你想我做你的丈夫，好让我卸下武装，放松警惕，任凭你摆布！我不能这么做，除非你当着我的面向众神立下郑重的誓言，说你不会伤害我分毫。'

"别无他法，她只得以**斯提克斯**之名立誓。

斯提克斯：冥界（死者居住的地方）的冥河女神。只有众神会"以斯提克斯之名"起誓。

"这时，她的随从们在桌上摆满丰盛可口的菜肴，以及一块美味的热面包。女神为我沐浴抹油，并换上精致的长衫和华美的罩袍。可一到用餐的时候，我却难以进食，因为我一想到我的同伴就心情沉重。

"喀耳刻得知我悲伤的原因之后，便起身带我来到猪圈那儿，她一挥魔杖，便将我麾下的战士们变回了原样。我发现他们甚至变得更高大、更年轻且英俊了。每个人都抓住我的手，一同号啕大哭。女神也同样感动不已，

便向我提议邀请我的同伴一起入席，好让他们也体验到
受她款待的甜蜜愉悦。"

航海者的国度 这便是古希腊，由众多岛屿组成，拥有一万五千公里海岸线。尽管对大海抱有畏惧之心，古希腊人也会出海捕鱼、建立海外殖民地以及与邻国开展海上贸易。

船舶

船配备有船舵、船帆和数排船桨（一到三排不等）。船舶的名称取决于船桨的排数（三排桨座战船就有三排）或是划桨员的人数。划桨并非一种苦役，而是水手们的工作。

海上竞争

腓尼基人居住在地中海东岸，他们会与古希腊商人竞争。

航海

古希腊人主要靠目测来航行。这就是为什么他们从来不会离滨海地带太远。他们害怕风暴，这会将他们的船只打到布满礁石的海域里。

贸易往来

古希腊人需要的谷物、木材、矿石（铁、铜等）依赖进口。而他们自己则主要出口油料、葡萄酒、陶器等。液体和种子通过巨大的陶罐——双耳瓮——来运输。

双耳瓮

腓尼基钱币

战船

古希腊直到公元前 5 世纪才诞生了海上战船。

"我们划着桨，继续在紫罗兰色的海面上向前航行。"

每排九名划桨员的三排桨座战船

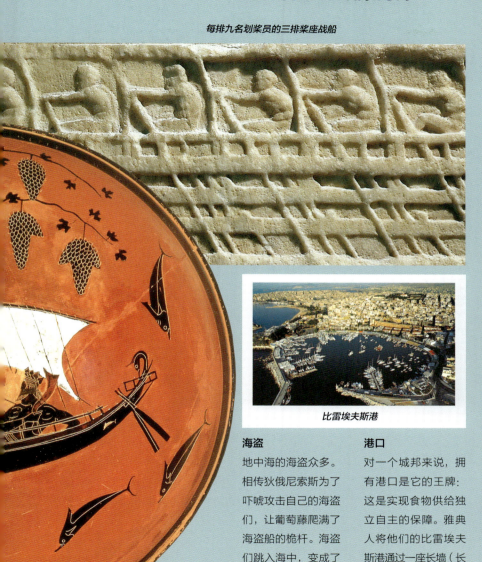

比雷埃夫斯港

海盗

地中海的海盗众多。相传狄俄尼索斯为了吓唬攻击自己的海盗们，让葡萄藤爬满了海盗船的桅杆。海盗们跳入海中，变成了海豚。

狄俄尼索斯的海上旅行

港口

对一个城邦来说，拥有港口是它的王牌：这是实现食物供给独立自主的保障。雅典人将他们的比雷埃夫斯港通过一座长墙（长达八千米！）与城邦的防御工事连在一起。

在死者的国度

"众人愉快地接受了喀耳刻的邀请，甚至连最初表示怀疑的欧律洛科斯也是！就这样，我们享受着宴饮的乐趣，度过了整整一年。

"然而冬去春来，我的同伴们告诉我，他们渴望回家。随后在一天晚上，我请求喀耳刻履行她的诺言，帮助我们回去。

"'拉厄耳忒斯之子尤利西斯啊，要是你们不喜欢再留在此地，那就离开吧！但首次旅程会先把你们带去冥界，即哈得斯的领地。你必须在那儿请教提瑞西阿斯，他是个盲人**预言者**，即使已经死去，冥王的妻子珀耳塞福涅也让他保有智慧。'

"听了这番话，我呜咽起来。我宁愿立即死去！

"'在冥界的旅途中，又有谁能给我带路呢？怎样才能从哈得斯幽暗的国度回来呢？'

"'这你不用担心。走吧，让北风神玻瑞阿斯带领你

预言者：能了解众神与命运意志的人。

渡过**俄刻阿诺斯**。一到冥界那昏暗的海岸，你得把船拉上岸，然后进入树林，你将来到一片与**冥界的冥河**相连的沼泽。就在那儿，仔细听我说，在哗哗作响的河流交汇处，你要挖一个方形的坑。在坑的四周向所有亡灵浇祭三次：首先用蜂蜜酒，接着是甜葡萄酒，最后是清水。一边向亡灵祈祷，一边往坑里倒入白面粉；要向他们保证，当你返回伊塔刻岛之后，将会从你那群未生孕的奶牛中挑选最漂亮的那头，在柴堆上献祭给他们，并且还要单独向提瑞西阿斯献祭一头没有瑕疵的黑色公羊。接着，你还要向他们供奉一头黑色的绵羊羔和一头黑色的山羊羔：祭品的头颅要转向冥府，但你得注意，要把目光投向反方向。这时，死者的幽魂将纷纷向你涌去。你麾下的战士们得活跃起来，剥去牲畜的毛皮，并把它们**燔祭**给强大而可怕的哈得斯与珀耳塞福涅。而你则要抽出利剑，在提瑞西阿斯尚未到来之前禁止亡灵饮用鲜血。等他一到，便会为你指明道路。'

"随着太阳升起，我唤醒同伴们，下令出发。果然，他们了解我们此行的目的后，一个个恐惧万分！但面对他们的哭泣与哀求，我不肯妥协，于是我们

俄刻阿诺斯：大洋的神，他是一条环绕大地（那时的希腊人认为地球是平的）的河流。

冥界的冥河：冥界主要的河流有阿刻戎河，它构成了冥界的边界，以及斯提克斯河，它的河水能令众神的誓言坚不可摧。

燔祭：指完全焚烧所宰杀的动物的献祭仪式。

当天就带上拥有美丽发辫的喀耳刻那最后的礼物——用于献祭的动物以及吹在船帆上的顺风——出海了。

"临近傍晚的时候，我们在俄刻阿诺斯的尽头靠了岸，那片海岸从未受到阳光照耀。我们一步一步地遵循喀耳刻的指示行事。

"祭品那深色的血液刚流出来，亡灵们就纷纷从冥界涌了过来，发出尖厉的叫声。我吓得脸色发青，拔出佩剑阻止亡灵们靠近血液，与此同时，我的同伙们抓紧时间燔祭。

"我辨认出的第一个亡灵是我的母亲安提克勒亚，当我出征特洛伊的时候她还活在人世。一见到她，我的眼泪夺眶而出，但我并没有因此放下利剑，我要等待预言者提瑞西阿斯到来。

"终于，他拄着金拐杖来了，更确切地说是他的幽魂到了。我挥舞利剑给他开道，然后他喝下了发黑的血液，接着他即刻对我说出了真实的预言：

"'尊贵的拉厄耳忒斯之子、足智多谋的尤利西斯啊，你想要回家，可波塞冬不想让你这么快就如愿，因为你弄瞎了他的儿子，所以他对你怀有怨恨！不过，假如你能够克制自己的话，你仍有机会与你的所有同伴返回家乡。当你们在特里那基亚岛靠岸之后，你们将会看到太阳神拥有的羊群。千万别碰它们，这样你们就能被允许回归家园了。否则，你们就要倒霉了！你们就再也见不到伊塔刻岛了，或许只有你能见到，但也要经过漫长的岁月，且独自一人，没有船只与朋友，悲惨可怜。即使到了那时，你的苦难也仍未结束，你在故乡将会遇到真正的恶徒，他们**阿谀**（ē yú）奉承你的妻子，通过连续不断的宴会消耗你的财产。你一旦惩罚了他们，就必须扛上船桨再次起航，一直到那没人懂得航海、会把船桨错当成捣谷子用的棒杆的地方去。你要在那儿向波塞冬讨三头没有瑕疵的公畜：公猪、公羊与公牛。然后，一回到伊塔刻，你得通过神圣的**百牲大祭**

阿谀： 迎合别人的意思，说好听恭维的话。

百牲大祭： 献祭一百头牛的仪式。

向所有享有至福的奥林匹斯神灵表示敬意。只有这样，你才能度过幸福的晚年，获得安宁的死亡。我说完了。'

"'这便是等候我的命运。但是请告诉我，可敬的提瑞西阿斯啊，我在此地见到了我母亲——高贵的安提克勒亚的灵魂，如何才能跟她说话呢？'

"'很简单，只要让亡灵上前饮血，这个亡灵就会认出你，并对你说真话。而其他未饮血的则会回归冥界。'

"话音刚落，提瑞西阿斯便背过身去，回到了哈得斯的领地。

　　"于是我让母亲上前来饮血。她认出了我，见我身在冥界，悲叹不已。

　　"'并非如此，我的母亲啊，我没有死，我来此地是为了向盲眼的预言者提瑞西阿斯请教回乡的方法。但请告诉我，您怎么去世了？是突然过世，还是经过了漫长的疾病？告诉我，留在伊塔刻的父亲与儿子的情况，他们还掌握着王权吗？还有我的妻子，她怎么样了？她依旧保持忠贞，留在家人身旁，还是已经在希腊人当中选择了新的丈夫？'

　　"'她忠贞不渝，在你的宅邸日夜哭泣。你的权力尚未被人占据，可你的父亲不再回宫，而是留在田间，衣衫褴褛（lán lǚ），与仆从一同睡觉，甚至睡在露天。

你失踪带来的悲痛使他衰弱，况且他也老了！至于我，我并非死于疾病，是痛苦与哀伤将我带至哈得斯的领地。'

"我想要抓住母亲的灵魂。我冲上去，一共三次，可她三次都从我的臂膀间消失，就像一个影子、一场幻梦。

"'我的孩子，不要哭！你无法拥抱我，亡灵没有经脉或骨骼来维持血肉，一切都在柴堆上被焚烧殆尽，只有灵魂飘走……走吧，你最好赶紧向着光亮重新出发！'

"说完，她远去了，留下我被杰出的灵魂们围绕，他们生前都是国王、神灵，或是勇敢的英雄、战士的妻子。

"我让从前的伙伴们上前来，首先是阿特柔斯之子阿伽门农，我不知他也已经死去。阿伽门农告诉我，他在庆祝从特洛伊凯旋的宴会上遭人谋害。是他妻子的情人埃癸斯托斯犯下可恨的罪行，但是她给了凶手武器。

海伦：她被掳走，从而引发了特洛伊战争。因此，在**海伦**造成我们之中那么多英雄死去之后，又是一个女子引发了死亡！

"然后他离开了，将位置留给神圣的阿喀琉斯，我便向他解释身在此处的缘由：

"'高贵的珀琉斯之子啊，我是为了见提瑞西阿斯而来此地。我思念故乡，却一直没能回家，我是多么不幸啊！而你恰恰相反，阿喀琉斯，你一直很幸福，活着

的时候，你永远那么强大！'

"'别对死亡抱有幻想，尤利西斯。相比成为所有亡灵的国王，我无数次宁可自己只是个不幸的奴隶，弯腰驼背地活在世上！'

"我无法告诉他高贵的珀琉斯的情况，但我向他讲述了他的儿子涅俄普托勒摩斯在特洛伊城下与我们一同战斗时立下的功绩。我能看出他听闻之后十分高兴。

"还有很多亡灵在那儿，我乐意同他们说话。可是看到仍有源源不绝的亡灵从深渊里出来，我突然害怕那些住在哈得斯领地的怪物会一起涌过来，而我也更希望回到同伴中与船上去。"

特洛伊战争 这是古希腊的历史传奇，被最著名的歌者——荷马所传唱。其中的英雄与战斗在希腊家喻户晓。这场战争由众神之间的纷争引起，令古希腊人与特洛伊人相互对立，直至特洛伊受烈火焚城，居民也被屠杀。

赫拉

战争的起因

赫拉、雅典娜和阿佛洛狄忒想知道谁最美丽，宙斯便将调解仲裁一事托付给了牧羊人帕里斯，而他将最美的头衔授予了阿佛洛狄忒。作为回报，帕里斯从她那儿获得了美丽的海伦的爱。但海伦已经是斯巴达国王墨涅拉俄斯的妻子了，而帕里斯竟把海伦掳走了！希腊的国王们震怒了，出发为墨涅拉俄斯复仇。然而，帕里斯是特洛伊的国王普里阿摩斯的儿子……

特洛伊的众神阵营

其中有弓箭之神阿波罗，当然还有保护帕里斯的阿佛洛狄忒！她的情人——战神阿瑞斯也跟随她。他们两个都被一名古希腊英雄——狄俄墨得斯所伤。

古希腊的众神阵营

其中有雅典娜与赫拉（她们不原谅帕里斯的蔑视），以及波塞冬，还有其他不太重要的神灵。

阿佛洛狄忒

长枪的枪头

特洛伊木马

特洛伊英雄

国王普里阿摩斯跟他的妻子赫卡柏生有五十个儿子和五十个女儿。最主要的儿子有帕里斯和赫克托耳，后者是一名勇敢的战士，他被阿喀琉斯所杀。女儿中有卡珊德拉，她拥有预言天赋，却被阿波罗诅咒永远不被人相信。她后来成了阿伽门农的俘虏，跟他一起刚回迈锡尼就被刺杀。

古希腊英雄

墨涅拉俄斯身边有他的兄弟阿伽门农。最厉害的是阿喀琉斯，他的母亲忒提斯通过将他浸泡在冥河水中，使他变得——或者说几乎——无懈可击。

但她浸泡的时候握着阿喀琉斯的脚踝，因此他死于帕里斯射在他脚踝上的箭。在此之前，他为死于赫克托耳手下的帕特洛克罗斯报了仇。

阿喀琉斯与阿伽门农一对一的战斗

海伦与墨涅拉俄斯的重聚

攻陷特洛伊

> "阿伽门农告诉我，他在庆祝从特洛伊凯旋的宴会上遭人谋害。"

最后的陷阱

"我们匆忙渡过冥河，回到埃埃厄岛，与有着美丽发辫的喀耳刻重逢。她准备了筵席款待我们，好让大家恢复体力。夜幕降临，在我俩独处的时候，她给了我有关旅程的最后劝告。

"'首先，你会遇到**塞壬**，她们会通过悦耳的歌声诱惑人类。但是聆听了

塞壬：人身鸟足的美女神。

她们的歌声之人永无可能返回家园，而且她们居住的岛上遍布腐烂的尸体与惨白的骸骨。尤其要注意，不要停下，用蜡仔细塞住士兵们的耳朵别让他们听见歌声。至于你，若是愿意的话，你可以聆听她们歌唱，但你得让同伴把你牢牢绑在桅杆上。之后，你一路上还会遇到两座礁石。第一座高高耸立，拥有光滑的岩壁。在岩壁中央有一个洞穴，那里居住着女妖斯库拉。她的声音犹如幼犬的吠叫，但实际上她是个可怕的怪物：长着十二只细小的脚，还有六根长长的脖子，顶着六个吓人的脑袋，六张嘴里全都长满三排尖锐的牙齿。她从洞穴的深处弹射出六条

脖子，以此捕捉能咬到的一切生灵：海豚、海豹或是其他海中巨兽，从来没有船只能够安然无恙地经过那儿！她的六张嘴一张开便能掳走六个船员。然而你只能到那儿去，因为另一座礁石更加危险。那儿更低矮些，顶上长着一棵非比寻常的无花果树。下方有超凡的**卡律布狄斯**呼啸着吞吃黑色的海水。她每天三次

吐水，三次吞水。在她吞水的时候，尤其要离得远远的，因为她会把你的整艘船吞掉！相比全军覆没，还是损失六人为佳。'

"'可是难道我不能拿起武器，冲向女妖斯库拉，与之搏斗吗？'

"'可怜的人啊，你想什么呢？你怎么会是永生者的对手呢？不行，你面对这永生的怪兽无能为力，最好不要浪费时间，只需考虑如何逃走。你们之后将会抵达特里那基亚岛，太阳之神阿波罗的牲畜群会从那儿经过，都是母牛与母羊。千万别碰它们，这样你们就能被允许回归家园。否则，你们就要倒霉了！你们就再也见不到伊塔刻岛了，或许除了你可以见到，但也要经过漫长的岁月，且独自一人，没有船只与朋友，悲惨可怜。'

"说完，粉色手指的黎明女神厄俄斯出现在天际。

喀耳刻离开了，而我前去唤醒同伴们。我们从女神那儿得到物资补给后，登上船顺风出航了。

　　"我事先告知了麾下的战士们，我们将会遇到的首个危险，他们便自动用蜡堵住了耳朵。然后他们依照我的指示把我绑在桅杆上。是时候了！塞壬们的歌声已然响起，向我呼唤道：

　　　　来吧，尤利西斯，聆听我们甜美的歌唱。我们

　　　知道你在特洛伊还有别处立下的功绩、经受的苦难。

　　　来吧，我们会将它们唱给你听！

"她们的歌声如此悦耳，使我不禁尝试解开绳子。我的同伴们看到此情此景，赶紧上前加固绳子，把我系得更紧。过了好久，直到我们经过了塞壬们的岛屿，到了很远的地方，他们才取走耳朵里塞的蜡，并给我解绑。

"接着，我们马上听到隆隆巨响，只见汹涌的波涛上方有一阵烟雾。我的水手们吓得手中的船桨都滑落了。我鼓励他们，让他们记起我们曾经历的重重陷阱。接着我向领航员指示应当遵循的航路：得避开浪涛与雾气，因为那是刚吐完水的卡律布狄斯，我们会有被吞噬的危险。我又向其他人下令用力划桨，好尽快经过那高耸而光滑的岩石。但我严守秘密，没有跟他们提及女妖斯库拉！

"不顾喀耳刻的劝告，我还是重新换上了武器装备。可怜的糊涂虫！我环顾四周，可是白费力气，什么也看不见。可就在那时，卡律布狄斯开始吞噬黑色的海水，形成可怕的漩涡。整块礁石都受到撼动，我的同伴们哭号着，双眼紧盯着漩涡。而就在这时候，另一座岩壁上的斯库拉瞅准时机掳去了六个人！他们在那可怕的巨口中挣扎，发出喊叫，向我呼救，但我又能做什么呢？虽然我手持武器，但他们已经被抓去高高的礁石上了！在洞穴入口处，怪物当场把他们吞入腹中。可怕的屠杀令我们伤心欲绝。

"穿过那片海峡之后，我们很快便到了太阳之神阿波罗的岛屿外围的海域。当我听到奶牛的'哞哞'、母羊的'咩咩'声时，我打算不予理睬。可是我那以欧律洛科斯为首的同伴们要求稍作休息。我无法拒绝他们这一正当的请求，但我仔细叮嘱他们避开将会影响到我们的可怕危险：

"'你们要向我立下最诚恳的誓言，不会触碰太阳之神阿波罗的牲畜群，喀耳刻给予的物资已经能使你们满足了！'

"他们全都向我发誓，然后我们便靠岸下船。夜晚，宙斯掀起一场骇人的暴风雨，我们便将船拉上岸，并在岛上驻扎下来。之后一个月里，南风神诺托斯一直猛烈地刮着。只要我们拥有食物，拥有面包与葡萄酒，一切便都过得下去。可是吃完这些食物之后，我的战士们饥肠辘辘，我们必须打猎捕鱼，寻找周围所有能找到的食物，然而还是太少了！于是我离开驻地，爬到高处向众神哀求。我把手洗干净，进行祈祷。可众神只给了我睡意，与此同时欧律洛科斯召集了我的同伴们，说：

"'即使要死，也不要死于饥饿！就让我们向众神献祭在此地见到的最肥美的母牛吧。至于太阳之神阿波

罗，若我们回到伊塔刻岛，就为他建造一座富丽堂皇的神庙，在里面摆上丰盛珍贵的供品吧。'

"所有人都赞同这个主意，于是着手把最好的牲口集中起来。他们在牛羊的角上捆上橡树的叶子（他们没**有白色的大麦**），向众神祈求，然后割喉宰杀母牛，将牛肉切分成小块。由于没有剩余的葡萄酒，他们便用清水进行浇祭，还焚烧了包裹着油脂的牛腿，并用木扦子串上肉进行炙烤。直到这时我才醒来。我走近船舶，闻到了油脂经过炙烤散发出的香味。我感觉自己要气炸了，泪流满面，向众神哀求。

白色的大麦： 献祭用的谷物。在这里，他们用橡树的叶子代替了惯常用的谷物。

"但太晚了，唉！太阳之神阿波罗已然在宙斯那儿要求进行报复，并威胁说要是他不满意，就让天上不再放出光明。宙斯向他保证，会用闪电摧毁我的船只和我的队伍。这是海之女神卡吕普索在很久以后告诉我的，她也是通过赫耳墨斯才得知此事。

"于是众神向我们传达了预兆：那些母牛即使已经切分成肉块，还在木扦子上'哞哞'地叫着，而它们的皮毛竟然行走了起来。

"这一情景并没能阻止我麾下的士兵们开了六天宴会，因为他们已经杀了牲畜。第七天，宙斯平息了风浪，大家赶忙将船只推入海中，然后登船起航。然而，船没

能航行多久!

"突然之间,天空阴沉了下来,狂暴的西风神仄费洛斯呼啸着来到我们跟前。一阵狂风刮断了桅杆的支索,令桅杆轰然倒下,撞碎了领航员的头颅,将他推入海中。与此同时,宙斯向我们的船放出雷霆与闪电,令它摇晃不止,所有战士都坠入水中,随即消失在我的视野内。

"我独自留在船上,直到船体被一排浪涛击碎。我成功抓住了一块漂浮的木龙骨,还有那依旧挂着一根索链的桅杆。我将两块木头固定在一起,攀爬到上面,然后任由死亡之风吹着我随波飘荡。

"之后,西风神仄费洛斯停止了吹拂,南风神诺托斯吹了起来,他将我重新带向卡律布狄斯!到了清晨,我来到两块礁石附近。这时,卡律布狄斯开始吞吃咸涩的海水,我连忙向空中跃去,抓住了无花果树垂下的枝条,像一只蝙蝠一般挂在上面。我等着卡律布狄斯吐水,时间实在漫长!我希望还能找回龙骨与桅杆。事实上,它们在夜里漂了回来,于是我跳入水中,重新攀爬上去,用双手划水。或许是宙斯的意志遮蔽了女妖斯库拉的目光,否则她肯定会把我吞入腹中。

"就这样,我度过了九天。到了第十天,我被海浪推到了俄古癸亚岛的海滩上，它位于大海的中心。女神卡吕普索友好地接待了我，并为我治疗。她想让我获得永生，并永远留在她身边。但我不能接受，我从未忘却伊塔刻岛和我的家人，也从未放弃返回家乡。

　　"就这样过了七年，到了第八年，拥有美丽发辫的女神改变了主意。她帮助我建造了一只坚固的木筏，为我装上食物，送我顺风出航。

　　"我航行了很多天，在接近你们的海岸时被波塞冬撞见了，他向我掀起了可怕的风暴。我的木筏被摧毁了，但我成功游到了岸边。幸亏没有神监视我！我在一片树丛中睡觉。就在那里，慷慨的瑙西卡发现了我，她同情我，并带我来到宫殿，来到你们跟前。

　　"之后的事你们都知道了，高贵的淮阿喀亚人，现在该轮到你们履行承诺，送我返回故乡伊塔刻了。"

死亡

死亡并非一切的终结。灵魂会离开身体，回归冥界，即哈得斯的领地。丧葬仪式能够连通两个世界。

葬礼

死者的身体被清洗干净，涂上香油、梳妆打扮之后，将被埋入地下土葬，或是在柴堆上火葬。葬礼是一种宗教行为，往往伴随着浇祭与供奉。

帕特洛克罗斯的葬礼

阿喀琉斯命人为自己死去的好友进行火葬，同时焚烧了特洛伊的战俘：这是唯一提及古希腊人用活人进行献祭的记载。

冥界

冥界的入口由三个头的恶犬——可怕的刻耳柏洛斯守卫。冥界以阿刻戎河为边界。亡灵们只能通过河上的小舟渡河。船夫阿刻戎会向亡灵们收取渡河费用，因此人们会在死者的嘴中放一枚钱币。

帕特洛克罗斯的葬礼

西绪福斯推动石头

永恒的惩罚

冥界有一块区域是留给犯下重罪者的。西绪福斯曾违背了宙斯的意志，被判处将一块巨石推到山顶；然而一到山顶，石头就会立即顺着斜坡滚下去，而西绪福斯只能重复这项苦役。

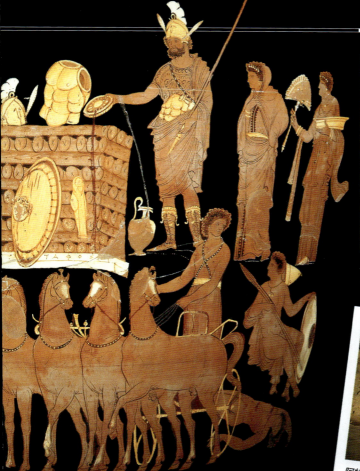

划船的阿刻戎（圆形巨冢内的壁画）

阿特柔斯在迈锡尼的坟墓

"可怜的人啊，你想什么呢？你怎么会是永生者的对手呢？"

坟墓

墓地从简单的坑洞到圆形巨冢都有，比如迈锡尼王阿特柔斯的坟墓。那是一个开凿在地下的圆形巨大墓室，里面有真正的宝藏。坟墓都会用一块石碑（刻有文字的竖立的石头）或是一个细颈油瓶（用来装油的瓶子，上有与死者相关的装饰图案）作为标志，这会使生者回想起有关逝者的往事。

坟墓内部

坟墓里埋藏有各种物件，大多比较珍贵，它们会在冥界最后的居所伴随死者，其中包括瓶子和珠宝，儿童会有玩具，战士则是武器。

重返伊塔刻

在场的淮阿喀亚人久久沉默，就像中了魔法似的。接着阿尔喀诺俄斯说道：

"尤利西斯，请相信你的漂泊即将结束。你的船已经准备好了，它将带你重返家园，而且我从最优秀的划桨员中挑选了五十二个给你。淮阿喀亚人，我在此提议，明天，我们陪着客人到港口去。他的礼物也在那儿，已被装进密封妥当的箱子里。让我们再为他增添点儿东西：每个人都送上一个三足鼎和一个水壶。那么现在，就让我们完成最后一遍浇祭仪式，然后回去睡觉吧！"

第二天晚上，在结束了最后一场宴会、与众人告别之后，尤利西斯满怀欣喜地出航了。他的礼物被妥善放置在划桨员们的凳子下。而他自己则裹着一条毯子和一块麻布，待在船尾。

船在紫罗兰色的海面上疾驶，快如鹰隼，而尤利西斯睡得死死的。当启明星升起的时候，船靠近了伊塔刻，停泊在海神福耳库斯的一个港口。船员们把尤利西斯放在沙滩上，又把所有的礼物放在不远处的橄榄树下。接着，他们踏上了返程的航行。

然而，他们没有想到波塞冬的怨恨如此强烈。盛怒的波塞冬在淮阿喀亚人的海岸边再见到他们时，就把船只与划桨员全部**石化**了。这便是他最后的报复。从此以后，无论是谁，淮阿喀亚人再也不会答应护送了！

尤利西斯醒来之后，激动地辨认出自己长久以来渴望重新见到的景色。雅典娜几乎立刻就到了，她化身为一个年轻的牧羊人，并让尤利西斯立刻注意到了自己。尤利西斯认出了女神，并请求她帮他把丰厚的礼物藏到安全的地方，其中包括金器与青铜器，还有羊毛与亚麻制成的衣物。不远处有一个宁芙们的洞穴，他们就把宝藏藏在了那儿。女神用一块巨石堵住了洞穴，然后他们坐在橄榄树下休息。

"拉厄耳忒斯之子尤利西斯啊，你得想出向王位**觊觎**（jì yú）者们复仇的办法，这些**无礼的妄为之徒**，三年来一直用礼物纠缠你的妻子——这可怜的女人一直等着你！还强迫她从中挑选一个人做她的丈夫。在逼迫她的同时，他们还日日在你的宅邸宴饮，侵吞你的

石化： 将之变为石头。

觊觎： 想得到不属于自己的东西。

无礼的妄为之徒： 不知羞耻、不怕惩罚的人。

牲畜群、你的葡萄园水果，还有你的田地。其中还有人设下埋伏，要杀了你的儿子忒勒玛科斯！但不要担心，我已给予他启示，要他前去其他国王那儿探询你的消息。现在，他正在斯巴达的墨涅拉俄斯那儿，他是阿特柔斯的儿子。"

"啊，我知道了，倘若您没有预先告知我这些事，我的命运也将跟阿伽门农的一样，一回家乡就死去！女神啊，请像在特洛伊时那样给我力量与护佑，您要是留在我身边，我将把他们通通打倒！"

"放心，我一直都在你的阵营，但我首先得改变你的模样，让别人都认不出你。我会把你变老，让你穿上褴褛的衣衫，好让你显得丑陋难看。然后你要找到猪倌欧迈俄斯，他对你依旧忠心耿耿。"

说罢，心思细密的女神令尤利西斯俊美的皮肤变得干瘪，又除去了他那金色的头发，令他的眼睛变红，充满血丝，让他换上满是污垢的长衫和一块无毛的鹿皮。她交给他一根拐杖和一个破破烂烂的口袋，然后离开了。女

神向斯巴达飞去，催促忒勒玛科斯赶快回家。

尤利西斯向着欧迈俄斯的领地走去。那里有十二个猪圈，每个猪圈里住着五十头母猪和它们的小猪崽；公猪就少很多。每隔一天都不到，那些无礼的妄为之徒就要求献祭一头公猪，并享用猪肉。欧迈俄斯独自居住，有四条狗作伴。尤利西斯一靠近，那四条狗就叫着跑了过来，但欧迈俄斯拦住狗群，接待了这位尤利西斯假扮的老人。他的话语甜如蜜糖：

"请进，陌生人，我给你充饥的食物。所有异乡人与乞讨者都来自宙斯那儿，谁也不应受到蔑视。"

"愿众神赐予你一切你想要的东西，因为你怀着如此善心接待了我！"

欧迈俄斯走出简陋的窝棚，找了两只小猪进行献祭。然后他将猪肉切分成块，串在扦子上，炙烤之后端了过来。此外，他还带来一壶用水稀释了的甜葡萄酒，最后才在尤利西斯面前坐下。他一边看着客人享用食物，一边向客人描绘惨淡的形势，而尤利西斯已经从雅典娜那儿得知了一切。

"那些年轻的无礼的妄为之徒并没有依照规定回自己家，或是按规则来求婚，而是在宫中住下，快把我主人所有的财产都吞吃殆尽了。他们吃了太多！包括十二群牛，还有同样数量的猪、绵羊与山羊！这还不算他们所喝的酒！"

"你的这位如此强大而富裕的主人是谁？或许我在流浪的途中曾听说过他，或许我能够告诉你有关他的消息。"

"异乡人，别想用假消息来换取报酬，不论是礼物、长衫还是罩袍。你这样做，会给我的女主人珀涅罗珀虚假的希望，这只会徒增她的忧伤！我的主人是拉厄耳忒斯那英勇的儿子尤利西斯。如今，他的血肉肯定已被野狗与秃鹫吃了，抑或是在那广阔海洋中被鱼群吞噬。现在，他的白骨可能已被冲上某片未知的海岸……"

"你说的是尤利西斯吗？真正的尤利西斯，我发誓他将会回来！我亲眼看过他的船，那船不久就会把他带回此地。他曾前去**多多尼橡树**向神灵请教，而我离开得太早，没能见到他本人。在从克里特与埃及返回的旅途中，我到了**塞斯普罗蒂亚人**那儿，他们的国王接待了我。为了向你证明我虔诚的信仰，在尤利西斯回来之前，我不会接受你任何的报酬，但我希望，等他回来，你会给我一件精美的礼物！"

欧迈俄斯动摇了，他多么希望能相

多多尼橡树：这是宙斯的圣所。那儿有一名女祭司，会依据树叶"簌簌"的响声作出预言。

塞斯普罗蒂亚人：希腊西北部的族群。

信眼前的乞丐啊！就在这时，由于其他猪倌赶着母猪回来了，他便没有犹豫，献祭了一头长着白牙的五岁公猪。在一场名副其实的宴会之后，人们睡觉去了，而欧迈俄斯则把靠近火堆的好位置留给了尤利西斯。

在这期间，长着猫头鹰般双眼的雅典娜陪着忒勒玛科斯坐船返回了伊塔刻。他刚从斯巴达回来，那是墨涅拉俄斯与他那美丽的妻子——聪慧的海伦——现在居住的城市。他从那里带回了奢华的礼品、黄金、白银和精美的织物，

埃及和西顿：墨涅拉俄斯经过长途旅行，从特洛伊返回斯巴达，一路上游历了地中海东南岸所有的城邦和国家。

这都是墨涅拉俄斯他们从**埃及和西顿**的国王那儿获得的。高贵的忒勒玛科斯此行带回了重见父亲的希望：墨涅拉俄斯向他证实，英勇的尤利西斯还活在人世，身处远方某地，不久就将回家！

粉色手指的黎明女神厄俄斯出现之际，船靠岸了。忒勒玛科斯让他的同伴们回到宫中，而他本人则穿过田地与牧场，来到忠诚的欧迈俄斯那儿。

欧迈俄斯见他回来，不禁热泪盈眶，和他久久拥抱。至于尤利西斯，他也难以控制自己的情绪，因为他认出了自己的儿子！但是他就像一个乞丐该做的那样（他始终保持着乞丐的外貌），站起身，将位子留给刚回来的

忒勒玛科斯。但忒勒玛科斯阻止他道：

"坐下吧，老人，我会另外找个座位。这位异乡人看上去并不富有。欧迈俄斯，我回宫后，会派人给他送来一件长衫和一件罩袍，好让他穿着体面。我走后的日子里，有什么消息吗？我能在宫中见到我的母亲吗？抑或她已经选出新的丈夫了？"

"我的孩子，你的母亲一直在宫中哭泣，而那些卑鄙无耻的求婚者始终对她纠缠不休。"

"啊，要是我有力量驱逐他们就好了！可这些可恶之徒就欺负我尚且年轻无法反抗，还利用我的弱点！唉，让我们忘了这事，我之后会尝试安全返回宫殿。"

用餐的时候，尤利西斯编造了一连串谎言，他还不能公开自己的真实身份。等待欧迈俄斯走出窝棚的时刻，尤利西斯见雅典娜向他示意，让他向忒勒玛科斯透露自己是谁。与此同时，女神令尤利西斯重返青春，将力量与风度返还到他的身上。年轻的忒勒玛科斯为父亲神圣的容貌所倾倒，他扑进尤利西斯的怀抱，两人难以抑制眼中的泪水，紧紧相拥，过了许久才分开。

之后，忒勒玛科斯派欧迈俄斯去自己母亲——智慧的珀涅罗珀那儿，让她不要担心自己的安危。猪倌远去后，父子俩商议起来。

"我们如今重聚在一起，便能够把宫中所有蛮横无理之徒扫除干净，并向他们的无耻行径复仇了！"

"父亲，我知道您是一位英勇的战士，但那些求婚者不止十人，也不止二十人！他们来自所有邻近的岛屿，有杜利基昂岛、萨墨岛、扎昆索斯岛等，甚至还有伊塔刻岛内的。他们超过百人，全是贵族，精通武器！"

"我们拥有雅典娜和宙斯护佑，这难道不够吗？你不用再担心了，马上回宫吧，之后欧迈俄斯也会带我过去，我会乔装成你此前见过的乞丐模样。无论那些求婚者怎么跟我对着干，你都要克制自己，不要显露怒意。但你要做好准备，当我发出信号之后，你得把大殿里所有的武器都搬走，除了留给我俩使用的两柄利剑、两支矛和两块盾牌。尤其要注意，你倘若真是我的儿子，就要保守秘密，别向任何人泄露我已返回伊塔刻一事！"

爱琴海周围

古希腊首个文明被称为迈锡尼文明，它影响的范围已经超过了爱琴海海域。在克里特岛、罗得岛以及伊奥尼亚沿岸坐落着众多迈锡尼文化遗址。在墓葬当中埋藏的宝物包括来自远方的珍贵物件，如来自波罗的海、埃及以及地中海东岸地区的珍宝。

未知地域

西边海域，是古希腊人知之甚少的可怕世界。俄刻阿诺河是一条环形的大河，标志着两个世界的边界，它无法被横渡（除了亡灵们）。

赫拉克勒斯之柱

殖民活动

从公元前 8 到 6 世纪，古希腊人受耕地及矿石需求的驱动，在伊奥尼亚海沿岸、西西里岛以及意大利南部、黑海周围、高卢以及非洲新建了殖民地。他们在迦太基与腓尼基人发生过冲突。

尤利西斯的世界

尤利西斯熟知爱琴海沿岸的地区（特洛伊位于伊奥尼亚海沿岸），包括克里特岛和腓尼基人的领域。他还知道埃及人，但可能没那么熟悉，因为他把他们看作是魔法师。此外，他肯定听说过非洲皮肤黝黑的埃塞俄比亚人，但是他把他们想象成与众神一同宴饮的传奇生灵！

古希腊人对世界的认识 从迈锡尼文明所处的时代（公元前 15 世纪）起，古希腊人就已开展航海事业，既有经贸原因也有人口原因。

高卢

马赛

阿格德

在马赛发现的古希腊钱币

意大利

那不勒

地中海

迦太基

西西

锡拉库

帕埃斯图姆古城（那不勒斯附近）的雅典娜神庙

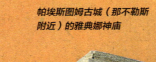

"尤利西斯，请相信你的漂泊即将结束。你的船已经准备好了，它将带你重返家园……"

新建的城邦

它们都是真正的古希腊城邦，拥有港口、政治和宗教中心以及农业区域。城邦居民会参加泛希腊运动会。城邦中诞生了许多著名的古希腊人，比如阿基米德（来自西西里岛的锡拉库扎城）和泰勒斯（来自伊奥尼亚的米利都城）。

雅典卫城

迈锡尼的狮子门

黑海

奥林匹斯山 ▲ 基科捏斯人

塞斯普罗蒂亚人

多多尼 ●

伊塔刻 ●

爱琴海

特洛伊 ●

艾菲索斯

雅典 ● 伊奥尼亚

迈锡尼 ● 米利都 ●

希腊

斯巴达 ●

马勒亚海岬 罗得岛

克诺索斯

克里特岛

艾菲索斯的圆形剧场

腓尼基

西顿 ●

提尔 ●

亚历山大的托勒密二世雕像

诺克拉蒂斯

亚历山大 ●

埃及

回到宫中

尤利西斯在欧迈俄斯回来之前，重新变回了年老的乞丐模样。猪倌回来后，让忒勒玛科斯放心，他已见过他的母亲——智慧的珀涅罗珀，并把她儿子回来的消息禀告了她。他还看到了一艘船驶入港口，这很可能是那些埋伏在半路却一无所获的求婚者又回来了！忒勒玛科斯对此感到兴奋喜悦，暗中向父亲微笑。在离开之前，他命令欧迈俄斯将乞丐带入城中，在那儿更容易乞得口粮！

"待我这把老骨头暖和起来之后，我就照你说的去做。"尤利西斯回答道。

忒勒玛科斯系好他的凉鞋，手持做工精良的标枪，迈着轻快的步伐前去与母亲重聚，好让她放心。

在此期间，港口边的求婚者们不断咒骂咆哮，他们轮流守了那么多天，却还是让忒勒玛科斯逃走了！

"一定是有哪位神灵给他带了路，使他安然无恙地返回！要是我们再不打起精神加倍用心，他最后就会把我们打发回家！"

他们现在打算回到尤利西斯的宫殿，继续宴饮作乐。

与此同时，忒勒玛科斯已经抵达宫殿。年迈的奶妈欧律克勒亚首先见到他，哭着张开双臂，将他紧紧拥抱。其他女仆也将他围绕，亲吻他的头部与双肩。这时，珀涅罗珀从她的卧房出来，如女神一般美丽。在温情的泪水与亲切的爱抚之后，忒勒玛科斯向母亲讲述了自己的旅行见闻，尤其转述了墨涅拉俄斯的话。

"亲爱的母亲，我不仅从那些卑鄙的求婚者设下的死亡陷阱中幸免于难，还将可靠的消息带回给您。您的丈夫，也是我的父亲——英勇的尤利西斯还活着，并且不久就会回来。这下我们就能向这些厚颜无耻之人复仇了！"

"我的孩子，愿宙斯和其他神灵都能听到你的话语，你是我的阳光！"

尤利西斯与欧迈俄斯已经上路了，他们到了宫殿外墙附近，发现有条狗正躺在地上。那条狗抬起头，竖起耳朵。那是阿尔戈斯，是尤利西斯在出征特洛伊之前喂养的狗。以前，还有其他人会带它去追捕野兔与黄鹿，而如今它老了，躺在那儿无人照料，饱受冷眼，浑身长满虱子。尤利西斯走近的时候，它除了摇动尾巴外什么也做不了。尤利西斯转过头去，掩饰泪水不让欧迈俄斯

发现。当他重新看向阿尔戈斯的时候，它躺在那儿已没了生机。二十年了，它一直等到主人归来才肯死去。

两人此时来到了宫殿门口，互相道别。欧迈俄斯前去与忒勒玛科斯会合；而尤利西斯则走进宫殿，背靠着门坐在门槛上。他的儿子马上发现了他，便派一位**传令官**带来一个圆形大面包和一大块肉，把他的两只手都塞满了。传令官还嘱咐尤利西斯不要羞怯，去向求婚者们还有陪坐在一旁的预言家行乞。尤利西斯向他道谢，吃了起来。这时，歌者也唱了起来。

接着，尤利西斯站起身，走到宾客们中间，伸手行乞。众人十分惊讶，寻思着这人是从哪儿来的。在座的人里，牧羊人墨兰提俄斯告诉大家自己在路上见过此人，当时欧迈俄斯正与之同行。话一说完，求婚者之中最放肆妄为的安提诺奥斯便向猪倌欧迈俄斯**发难**，质问他难道

传令官： 通常是贵族出身，主要负责神圣讯息（尤其是关于战争与和平的）的传送。

发难： 发起质问。

不怕把最恶劣的寄生虫带到宫中吗？忒勒玛科斯为欧迈俄斯辩护，与此同时，尤利西斯一边泰然自若地绕着大厅行乞，一边往口袋里装着众人给他的食物。当他来到安提诺奥斯面前时，这人已经因为争吵而恼羞成怒，只见他抓起一把凳子向尤利西斯的肩膀砸去。尤利西斯没有反抗，并强忍怒气。这下轮到其他求婚者感到气愤了：

"安提诺奥斯，你的行为太恶毒了！倘若这个流浪汉是天上下凡的某位神灵，是来试探世人和他们的怜悯心的呢？那样一来，你就完蛋了！"

那年轻的冒失鬼毫不在意这些谴责。而忒勒玛科斯没有轻举妄动，但他为父亲所受的这记攻击而心痛，并在心底反复思索复仇的方式。

智慧的珀涅罗珀得知了发生的事情。她派人召来欧迈俄斯，让他把异乡人带过来，请他用故事为自己排解忧愁，或许还能告诉自己有关尤利西斯的消息！王后不禁想象自己丈夫回归伊塔刻，并让卑鄙的求婚者们受到了严酷的处罚……就在这时，忒勒玛科斯打出一个响亮的喷嚏，整座宫殿都回荡着声响。珀涅罗珀哈哈大笑，对**这个幸运的预兆**感到欣喜万分：

这个幸运的预兆：喷嚏使珀涅罗珀更加坚定地相信丈夫能平安归来。

"欧迈俄斯，快去！我敢肯定，所

有年轻妄为的无礼之徒都将因他们的罪行而受罚死去！"但是珀涅罗珀还需耐心等候，因为尤利西斯拒绝马上就去她那儿。他说是因为害怕从求婚者们中间穿过大厅，他会等到太阳落山的时候再去觐见王后。

夜幕降临，求婚者们厌倦了歌舞之乐，又吃完了食物酒水，最后纷纷远去了，宫殿终于重归宁静。

是时候了。尤利西斯和忒勒玛科斯取走了留在大厅的武器，然后把它们藏在一间屋子里，这一切没让任何人知道。

然后尤利西斯便等待珀涅罗珀的到来。只见她下了楼，坐在火堆旁的大扶手椅上。她让女管家欧律诺墨搬一把舒适的座椅给尤利西斯，然后开始向他提问，但他拒绝谈及自己的苦难："这实在太多了！"

聪慧的珀涅罗珀回复道："对我而言，从尤利西斯登船出征特洛伊的那天起，我的一切欢乐与美丽都消失了。啊，要是他能回来就好了！如今我活在痛苦之中，受这些阿谀奉承的年轻人纠缠，却无可奈何。长期以来，他们向我施压，要和我结婚，而我为了推脱，在某位神灵的启发下想出了一个计策。我架起一台巨大的织机，开始制造一块巨大而精美的布匹。我告诉那些求婚者，这是给我丈夫的父亲拉厄耳忒斯死后用的**裹尸布**，

裹尸布：在下葬之前用来包裹死者的布匹。

在把布织完之前我是不会再结婚的。他们便没有怨言地接受了。我每天都坐在织机前织布。可到了晚上，借着火把微弱的光芒，我会把白天织的布拆开。我成功地瞒住了所有人三年。可有一天——更确切地说是有个晚上——不忠的女仆把消息告诉了求婚者，他们把我当场拆穿。我不得不放弃这么做，只能将布一点点织完。现在，我再也不能推脱婚事了！"

尤利西斯见到自己的妻子如此美丽而忠诚，又如此聪慧，心中欣喜不已。但他还是得保守秘密。他向她述说了一个捏造的故事，声称自己遇到过尤利西斯。珀涅罗珀啜泣着，倾听着，而尤利西斯只能在心里默默地同情她，表面上并未流露任何异样。平静下来之后，谨慎的王后又对乞丐模样的尤利西斯进行试探：

"如果你讲的故事是真实的，那就说几个能够让我相信的细节吧！"

尤利西斯随即向她描述了他的朋友——传令官欧律巴特斯的模样。欧律巴特斯皮肤黝黑，头发短而卷曲，在尤利西斯众多伙伴中很容易被辨认出来。这段回忆再次令珀涅罗珀泪流满面。接着他重复了向欧迈俄斯说过的谎言，让王后放心她的丈夫即将归来。这番话难以令人信服，但王后坚持要赐予这位认识尤利西斯的人礼物以表酬谢。她于是唤来年迈的奶妈欧律克勒亚，让她伺候客人沐浴更衣，换上柔软精美的服装。忠诚的老妪便在乞丐模样的尤利西斯身边殷切服侍。或许自己的主人跟这个流浪汉一样，有强健的手脚！她心想着，不禁热泪盈眶。另外，她还发现这个乞丐跟自己失踪的主人之间有一种奇怪的相似之处……不过她没有多想，拿来水盆为他洗脚。在一阵预感的驱使下，尤利西斯转过身去，背对壁炉的火光，以免欧律克勒亚认出自己大腿上的疤痕。可这不管用！奶妈为他清洗身体的时候，一碰到那个疤痕，就认出了它。激动之下，她猛地放开了尤利西斯的腿，腿落回盆中，使水盆失去平衡，"咣"地翻倒在地，水也泼了一地。

"你一定是尤利西斯，我的孩子！我的双手认出了你！"

她想告诉珀涅罗珀，但在一边守护的雅典娜转移了王后的注意力。尤利西斯低声要她保持沉默：

"奶妈，你难道想失去我吗？我需要保守秘密，好顺利实施对求婚者和背叛者的复仇！所以别说话！"

欧律克勒亚服从了指示，强掩内心充满的喜悦。她重新去打了水，服侍尤利西斯沐浴更衣。

接着尤利西斯回到火堆边，心有所思的珀涅罗珀对他说：

"我的客人，我告诉过你，我不能再拖延我的婚事了。因此为了决定成为我丈夫的人选，我会要求进行一场比赛。在这座宫殿里有尤利西斯留下的弓，极难拉开，还有十二柄斧头。以前，他会把它们竖着排成一列，然后站在很远处，只射一箭，便穿过全部斧头的孔道。从明天起，这些求婚者中谁能完成这项壮举，就能成为我的丈夫。"

"王后，你可以准备这项考验。我敢肯定，还没等定下人选，尤利西斯就已经夺回他的府邸。"

"异乡人，你的这番话真中听。但我实在难以相信！愿众神保佑你说的是真的！现在让我们道别吧，是时候回去睡觉了。"

珀涅罗珀和随从们上了楼，而她的丈夫尤利西斯久久哭泣，直到雅典娜往他的眼中注入甜蜜的睡意。

古希腊女性 不论是女主人还是女仆，古希腊的女性很少会从闺房，也就是专属于她的房间里出来。她们没有真正意义上的发言权，但她们负责家庭内务。她们在婚姻中起的核心作用是生儿育女。

泉边的女奴

婚姻

女性从不被认为是"成人"：年轻时她们依赖父亲，而她们出嫁（往往年纪很小）之后，就依靠自己的丈夫。

女神

阿耳忒弥斯陪伴少女们直至结婚；赫拉会庇护结婚的女子；得墨忒耳保佑女性的生育能力；雅典娜主管女性的劳作。那么阿佛洛狄忒呢？作为掌管美貌与爱情的女神，她的影响力无与伦比！

阿耳忒弥斯

百合花

女性服饰

女性穿着打褶的长衫，有的染色，有的不染。有些织物非常轻薄，罩在身上却不会完全将身体的线条遮盖。头发通常会盘成发髻。

身体护理

女性会往身上涂抹橄榄油，好让肌肤和头发更加柔软有光泽。使用的油中通常含有从花卉和芳香植物中萃取的带有香气的精油。化妆用品非常简单，眼睛用黑色的脂粉，嘴唇用红色的，而面部用白色脂粉。

劳作

女性负责教育年幼的孩子（直到七岁），并料理家庭财产。只有她知道箱子里装了什么，也是她负责纺羊毛、织布。女主人还会组织安排奴隶们的劳作。

整理衣物放入箱中的年轻女子

纺织的女子

> **"尤利西斯见到自己的妻子如此美丽而忠诚，又如此聪慧，心中欣喜不已。"**

珠宝首饰

首饰的种类数不胜数，有项链、襟针（用来固定衣衫和罩袍的别针）、耳坠等。它们由金银和宝石制成。

项链和襟针

复仇与重聚

粉色手指的厄俄斯刚出现在天际，一家人就行动了起来。不一会儿，尤利西斯就见到欧迈俄斯赶来三头供宴会用的肥猪。接着，墨兰提俄斯赶来一群最上等的山羊，他对求婚者们悉心照料，却侮辱责骂乞丐模样的尤利西斯。

之后，在所有人聚集到大厅的时候，忒勒玛科斯让自己的父亲坐在一张桌子旁，并要求求婚者们保持端庄体面。这个要求使这群无耻之徒哄堂大笑。

然而他们脸上呈现的不是笑颜，而是布满鲜血与眼泪的鬼脸。坐在一旁的预言者惊恐地站起身来，说道：

"不幸的人们，你们遭遇了什么？我看到你们被黑夜笼罩，墙壁和横梁都溅满鲜血，幽灵们也正侵入宅中！死亡降临在你们身上了！"

求婚者们双眼受雅典娜蒙蔽，笑得更厉害了。而预言者迅速离开宫殿，以避开正在降临的灾难。

在众多房间中，有一间藏宝室，里面存放着尤利西斯那绷紧的骨质长弓，那是他从前收到的礼物。他从未将它带上战场，因此这把弓一直放在装满箭矢的**箭筒**旁边。

箭筒: 放置箭矢的匣子。

女仆们抬起沉重的箱子，里面装满的武器都是尤利西斯曾经在竞赛中使用过的，珀涅罗珀禁不住哭了起来。

到了大厅内，王后发话道：

"求婚者们，你们一直在等我做出决定，从你们当中选一人作为丈夫。那好吧，选择的时候到了。你们之中能够成功使用神圣的尤利西斯之弓，并一箭射穿这十二柄斧头的斧眼之人，就能成为我的丈夫，而我则会跟随他到他所住的高门大户去。"

她把长弓递给欧迈俄斯，由他呈给求婚者们。忒勒玛科斯拿起斧头，将它们插在地上，排成直线。安提诺奥斯尽管急不可耐，但还是向其他人提议轮流尝试。

第一个尝试的是勒伊奥得斯。可他用尽全力也是枉然，他竟无法把弓拉开！他灰心丧气地退下了，但安提诺奥斯不甘心，命令墨兰提俄斯点起柴火，并拿来油脂。

"给这把弓生火加热，并涂上油脂，这样一来，我们之中就有人能够把它拉开了。"

　　白费力气！这群年轻人加热了长弓，给它抹上油，可仍然没有人能拉开它。只有为首的安提诺奥斯和欧律马科斯尚未尝试。

　　在此期间，尤利西斯已经出去与欧迈俄斯和他的朋友——**牧牛人**菲洛提奥斯会合了。

　　"朋友们，我有话要跟你们说。倘若有位神灵将尤利西斯带了回来，你们会做什么？你们将支持他，还是那群求婚者？"乞丐模样的尤利西斯问这两位忠诚的朋友。

牧牛人： 看管照料牛群的人。

　　"他？愿众神保佑他回来！到时候就能让他们瞧瞧我们有多大力气了！"

　　"好吧，他已经在伊塔刻了。我便是尤利西斯，就在你们跟前！"

　　然后尤利西斯便亮出那个人人都知道的巨大伤疤。

猪倌与牧牛人仔细检验后，终于扑进他的怀中，紧紧拥抱久久不分开，直到尤利西斯轻轻推开他们，以便下达命令。尤利西斯让欧迈俄斯负责在他需要的时候，将那把长弓呈给他，之后将府中的女子都拦在内室里；而菲洛提奥斯则前去把庭院的大门牢牢关住。

当乔装成乞丐的尤利西斯回到大厅内时，欧律马科斯正手持长弓，试图拉开。他失败了，在这方面比不上尤利西斯，这份耻辱令他难以释怀！安提诺奥斯给他加油鼓劲，并提议在宴会之后继续尝试。

就在这时，乞丐站起身来要求试试自己的力气！安提诺奥斯和欧律马科斯立刻发出强烈抗议，而珀涅罗珀想方设法让他们放下顾虑。她让大家相信，就算这异乡人通过了考验，也不会要什么新娘，而是会在长衫和罩袍之外再获得一把标枪和一柄利剑。忒勒玛科斯同意珀涅罗珀的话，但作为家中新一任掌权人，他请自己母亲先回内室去。

于是她先行告退，同时欧迈俄斯把弓拿了给尤利西斯。接着，欧迈俄斯走出大厅，向欧律克勒亚传达了命令，要她小心行事，把所有女仆都关在楼上。至于菲洛提奥斯，他用一根沉重的棍子把宫院的门切实关紧，然后回来重新坐下。

在众人嘲笑下，尤利西斯站在那儿，把弓翻来覆去地检查。在确信它完好无损之后，他毫不费力地拉开弓，并给它安上弦，弦绳在他指间震颤不已。在场的年轻人面面相觑，顿感焦虑不安。这时，宙斯令雷声轰鸣。尤利西斯

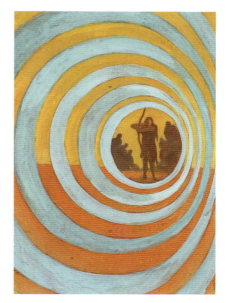

欣喜于这一预兆，抓起一支箭，瞄准目标发射。箭精确地贯穿了所有的斧眼。

然后他转身望向忒勒玛科斯。

"好了，现在是时候准备宴会了！"

忒勒玛科斯拿起宝剑，手握标枪，准备战斗。而尤利西斯则褪去褴褛的衣衫，带着弓与装满箭矢的箭筒，一跃冲到门口。

"我要达成的目的并不在此！"

说完，他瞄准安提诺奥斯射去。那将死之人正举起手中的金杯，箭射中他的脖子，鲜血喷涌如柱。他倒了

下去，酒杯从手中脱落，在地上滚动，倾洒的葡萄酒与血液混在了一起。

那群年轻人中发出一阵剧烈的嘈杂声，他们寻找武器，却徒劳无获。他们起先斥责辱骂眼前这个乞丐，指责他愚蠢的行为。这群可悲的蠢货，他们到此时还没明白自己的命运已然注定！

尤利西斯打断他们：

"啊，卑鄙小人，你们没想到尤利西斯还会回来吧！你们对我的宫殿和家人毫无敬意！事到如今，你们注定会灭亡！"

求婚者们吓得脸色发青，寻找脱身的办法。只有欧律马科斯坦然面对道：

"若你真是尤利西斯，那的确有理由谴责我们。但罪魁祸首是安提诺奥斯，他甚至准备杀了你的儿子，统治整个伊塔刻岛。现在既然他死了，请你对我们宽大为怀。作为在你这儿吃喝宴饮的补偿，我们每个人会送来二十头牛，若你想要，甚至可以更多。"

"就算你们把父辈的财产尽数奉上，也于事无补。你们所有人都将以死谢罪。不论逃跑还是战斗，你们今天都免不了一死！"

欧律马科斯于是拔出佩剑，大叫着冲向尤利西斯。但一支箭射中了他的胸口，他的眼中罩上一层雾气，便倒地身亡。接着安菲诺摩斯迎击尤利西斯，忒勒玛科斯则从背后向他攻击，标枪刺中两肩中间，他便面朝大地倒了下去。接着，尤利西斯射出如雨的箭矢，而忒勒玛科斯则跑去储藏室寻找武器。他回来后，两人全副武装，两名忠实的仆人也是，现在的他们强大得令人生畏！

但是墨兰提俄斯反应过来，意识到武器都在屋内，而尤利西斯只是守着外侧大门。于是，那狡猾的牧羊人悄悄穿过一条隐蔽的走廊，为求婚者们带来了武器装备！尤利西斯看见后，顿时面色发白。有了武器，他的敌人们聚在一起，齐齐向他们掷来标枪。幸运的是，雅典娜监视着一切，让所有标枪都偏离了方向。这下轮到尤利西斯和他的同伴们投掷标枪了，全部射中了目标！

求婚者们于是四散奔逃，穿过大厅，以求能够躲避如雨的标枪。有些人扑到尤利西斯脚边，哀求他的宽恕，但都是白费力气！他把他们全部击杀。歌者与传令官并没有参与求婚者们的暴行，于是他们得到了尤利西斯内心的饶恕。其他人都被从藏身之处赶出，予以致命一击。

尸体倒在尘土与血泊当中，一个叠一个，如同被渔

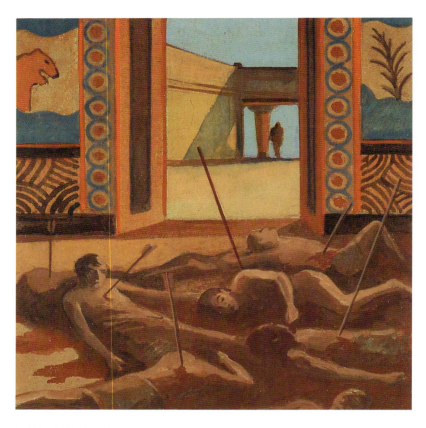

网捕获的鱼群。

尤利西斯凝视着这番成果，随后令人召来欧律克勒亚。老妇人一见到遍地死去的求婚者，高兴得叫了起来，但被主人阻止了：

"安静！为他们的死亡而欢呼是对众神的不敬。命运已经将他们杀死，现在去把那些不忠的女仆给我找来，让她们搬走尸体，清洗大厅。做完之后，你再去通知珀涅罗珀和她的随从们。"

活儿都干完之后，欧律克勒亚兴高采烈地上楼报告这个好消息。忠诚的女仆们从内室出来，赶去拥抱尤利西斯，并欢迎他回家。而他也深受喜悦之情感染，认出了她们所有人。

楼上，奶妈摇醒了珀涅罗珀，说：

"快醒醒！你的愿望实现了！尤利西斯回来了！他把求婚者们都杀了！"

可智慧的珀涅罗珀难以相信老妇的话，她说：

"怕是众神使你失去了理智！这怎么可能？他就一个人，怎么杀得死那么多人？嗨，就算求婚者们都被杀了，这也不可能是一个凡人所为，一定是某位神明被他们卑鄙无耻的行径激怒了。尤利西斯肯定死了，他的尸体还躺在远方！"

"你怎么能这么说呢？我说了，是他派我来告诉你的！而我则是在昨晚为他沐浴的时候，从他大腿上那块巨大的伤疤认出了他。快下楼，那就是他！"

珀涅罗珀站起身，可依旧犹豫不决，众神曾如此戏弄过她！随后她来到火炉边，见到了尤利西斯。只见他低垂双眼盯着地面，她面对着他坐下，映着火光，没有说话。忒勒玛科斯见她沉默不语，嗔怪道：

"母亲，我铁石心肠的母亲，您怎么能坐得离自己丈夫那么远。他失去音讯那么久，漂泊流浪了那么久，如今才回到你身边！"

"我的孩子，我依旧惊愕得不知所措。如果他真的是尤利西斯，那我们便能够辨认出彼此，因为我们两人之间有不为他人所知的秘密与标记……"

尤利西斯听到这个回答，微笑了起来，并让忒勒玛科斯冷静下来，说：

"我现在一身血污，肮脏不堪，你怎么能让你母亲认出我来呢？让她考验我吧……"

奶妈欧律克勒亚心领神会，便去为她的主人准备沐浴的用品了。等他清洗干净，好好涂上油以后，她又给他拿来精致的长衫与优美的罩袍。雅典娜也向尤利西斯倾注了大量英俊魅力：他一头鬈发垂下，带着金黄光泽，他的身体显得更加高大、更加强壮，看上去就像一位神明。

就这样，他回到妻子身旁，说：

"你一定有一颗坚如磐石的心，才会在我失去音讯那么久、漂泊流浪了那么久之后，还与我保持那么远的距离。也罢！奶妈，为我铺一张床，好让我睡觉！"

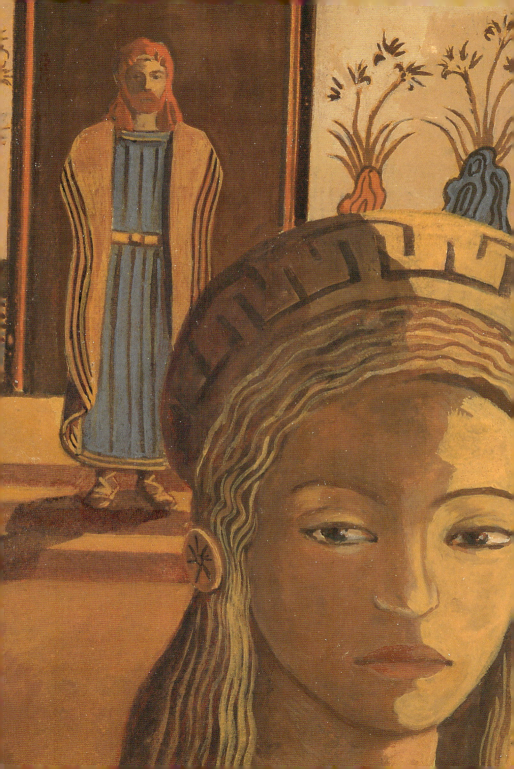

"你别想欺骗我，我认得你！去吧，欧律克勒亚，把他的床搬到卧房外，再铺上厚实的羊皮、毯子和绚丽闪光的褥单。"

她还试图考验尤利西斯，而他激动万分地说：

"你说什么？谁能搬动我的床？这不可能！是我在建造房子的时候一同制作了那张床！这个家，我是围着一棵年轻的橄榄树建造的，之后那棵树在院内蓬勃生长，我只好剪去了它茂密的枝叶，将树干沿着根部砍断，把它切削抛光，正是留下的树桩被用作了床的基座。你忘记了吗？要是今天有谁想把它搬动，就得连那树墩一同砍去！你是真的忘了吗，我的妻子？"

这番话终于让珀涅罗珀的疑虑一扫而空，她终于相信在她面前的就是尤利西斯，只有他才会知道这些细节！她一跃而起，跑上前拥进他的怀中：

"不要埋怨我，尤利西斯，你是那么明智，你知道凡人乃至众神都是多么诡计多端。我方才需要一个切实的证据，才敢让自己享受喜悦，而我现在已被喜悦吞没。"

尤利西斯只感到热泪盈眶。他把妻子紧紧搂住，而她也无法松手，他俩就这样拥抱着彼此，若不是雅典娜出现，甚至能相拥直至天明。

女神让夜晚停在天际，并将夜里的时光延长。她也让厄俄斯停下，阻止她把骏马套上乘坐的车。这样一来，尤利西斯和珀涅罗珀就有充裕的时间重聚了。

女仆们铺好大床之后，夫妻俩回到卧房，久久品尝爱情的甜蜜喜悦。之后，两人互相倾诉自己所经历的种种苦难。最后，他们的眼皮终于合上，两人进入了甜美的梦乡。

在此之后，雅典娜才放开厄俄斯，让她把白日的阳光带回人间。

从歌者到悲剧诗人 古希腊人一直歌颂英雄和众神。他们在史诗中讲述英雄和众神的冒险奇遇，在悲剧中哀叹他们的苦难。音乐与这类起源于神话的诗歌密不可分。

悲剧

悲剧在公元前 5 世纪于雅典得到发展，起源于对酒神狄俄尼索斯的崇拜仪式，它表现的是古希腊英雄的不幸遭遇。

阿波罗与缪斯女神

阿波罗是诗人们的庇护者。他通过缪斯女神——记忆女神的女儿们来完成这一职责。

乐器

乐器包括笛子（双管）、竖琴（由一片龟甲和两根角组成，两角之间有多条用来发声的琴弦）以及由竖琴演化而成的齐特拉琴。

吹奏双管竖笛的女子

狄俄尼索斯的随行队伍

一位缪斯女神

音乐

时至今日最古老的诗歌经由歌者与他们的后继者之口得到流传，其表演形式不是歌唱就是伴随音乐的咏唱，两种形式并不固定。部分悲剧也是如此。音乐能使仪式与咏唱富有节奏。音乐非常重要，所以当时会有一些音乐比赛。

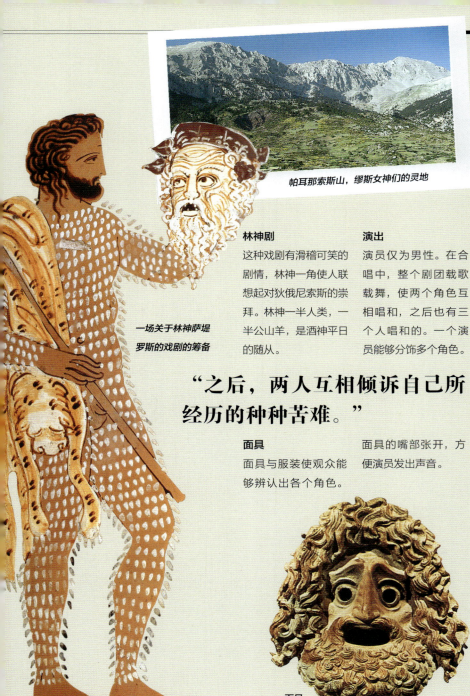

帕耳那索斯山，缪斯女神们的灵地

林神剧

这种戏剧有滑稽可笑的剧情，林神一角使人联想起对狄俄尼索斯的崇拜。林神一半人类，一半公山羊，是酒神平日的随从。

一场关于林神萨堤罗斯的戏剧的筹备

演出

演员仅为男性。在合唱中，整个剧团载歌载舞，使两个角色互相唱和，之后也有三个人唱和的。一个演员能够分饰多个角色。

"之后，两人互相倾诉自己所经历的种种苦难。"

面具

面具与服装使观众能够辨认出各个角色。

面具的嘴部张开，方便演员发出声音。

面具

荷马与《奥德赛》

《奥德赛》

尤利西斯的历险故事是欧洲最为著名的史诗之一——荷马的《奥德赛》——的主题。这部史诗大约写于公元前8世纪，据说比同一作者所写的《伊利亚特》更晚成书。《伊利亚特》讲述了特洛伊战争当中的一段故事。这两个故事在成书之前很可能已经以口头形式存在了。

口头流传

最古老的史诗首先会以口头形式创作与传播。在古希腊，这属于歌者们的工作。但他们并不能在一场宴会或庆典中咏唱出整篇史诗：《伊利亚特》有一万五千多个诗行，而《奥德赛》则有超过一万一千个诗行！歌者一次只能唱一个片段。后来，歌者被吟游诗人替代。与所有口头文学一样，即兴发挥、增补添加必然会改变原作的内容。

书面传播

古希腊文字大约出现于公元前八百年，而《奥德赛》的创作时间稍晚于此。但直到公元前6世纪的雅典，故事的文本才真正固定下来。古希腊的年轻人正是通过这部著作学习阅读：他们会把那么长的章节熟记于心！这些诗歌能够得以流传至今，多亏了众多复本，包括古代莎草纸复本（古罗马时期）和中世纪手抄本等。

荷马是谁？

《奥德赛》的作者被认为是荷马，据说他出生于士麦那（今土耳其伊兹密尔），曾在伊奥尼亚生活过（今土耳其沿海）。由于诗中得摩多科斯这一人物形象（准阿喀亚人的一个歌者），常被描述为是一个盲诗人，所以后世有人认为他就是荷马本人。当然，这一切都并不可靠，因为我们缺少有力的证据！

荷马是一个人？

由于《伊利亚特》和《奥德赛》里存在不同的文体风格，所以有专家认为写下这两部作品的不可能是同一个人。

《奥德赛》：真实历史还是虚构故事？

　　对古希腊人来说，在那遥远的过去，特洛伊战争必然发生过，那是古希腊历史的开端。近年来，仍有很多学者对两部史诗的历史与地理价值深信不疑。但同时，这一观点也有人质疑，认为它们只是两个优秀的故事，仅此而已，甚至连特洛伊战争的真实性都受到了拷问！

本书作者的立场

　　《奥德赛》有三百多页，要想读完整部巨著的确不易！它不仅叙述了尤利西斯的旅行，还包括忒勒玛科斯、墨涅拉俄斯以及其他很多人的历险：我们在这里选择追寻尤利西斯的足迹，聚焦在尤利西斯个人的经历上，并且将重点放在历险这一环节，而非伊塔刻岛内的家庭与政治事务。此外，荷马的写作风格独具特色（重复、比喻等），因此，我们在让年轻读者的阅读更顺畅的同时，保留了部分荷马的写作风格。

什么是史诗？

史诗是一种长篇诗歌，讲述的是英雄的非凡经历。这种英雄往往远胜常人。简而言之，就是一个超级英雄，众神也会参与到他的历险过程中。

图片来源

10 下：比雷埃夫斯港的雅典娜雕像，青铜，比雷埃夫斯考古博物馆藏品，雅典©尼玛塔拉

中：全副武装的猫头鹰，公元前 5 世纪，罗浮宫藏品，巴黎©安德雷·赫尔德

右：阿尔特米西亚的宙斯雕像，约公元前 460 年，青铜，国家考古博物馆藏品，雅典©尼玛塔拉

11 中：奥林匹斯山©伊万·特拉维尔

左：波塞冬陶罐，西西里大区安东尼奥·萨利纳斯考古博物馆藏品，巴勒莫©尼玛塔拉

右：赫库兰尼姆的赫尔墨斯雕像，那不勒斯国家考古博物馆藏品，那不勒斯©尼玛塔拉

22：向阿波罗献祭的仪式队伍，费拉拉考古博物馆藏品，费拉拉©安德雷·赫尔德

23 上：飞翔在希腊

凯尔基尼湖上的鹈鹕，君特·米歇尔

下：向阿波罗献祭的场景，约公元前 430 年，罗浮宫藏品，巴黎

32 上：双驾马车竞赛，塔尔奎尼亚国立博物馆藏品，塔尔奎尼亚©尼玛塔拉

下：赛跑者或角斗者，青铜，公元前 480 年至公元前 336 年，那不勒斯国家考古博物馆藏品，那不勒斯©吉罗东

33 左上：奥林匹亚，竞技场©DIAF

中上：奥林匹亚的宙斯神庙，版画，1965 © AKG，巴黎

右上：橄榄树的枝条©帕特里克·莱热/伽利玛

中：训练之后洗澡的年轻运动员，公元前 5 世纪，古典艺术博物馆藏品，柏林©安德雷·赫尔德

右下：角斗场景，公元前 324 年至公元前 323 年，罗浮宫藏品，巴黎© RMN

44 上：鱼纹平盘，

公元前 330 至公元前 320 年，杜尔藏品，日内瓦©安德雷·赫尔德

下：四名面包师，公元前 6 世纪末，罗浮宫藏品©埃里希·莱辛

45 上：葡萄©帕特里克·莱热

左下：采摘橄榄，公元前 520 年©布里吉曼

右下：橄榄树园©丹尼尔·蒂埃里

右下：科斯岛上的山羊©乔瓦尼·西蒙尼

56 左下：双耳瓮，公元前 14 世纪，底比斯考古博物馆，底比斯©达格里－奥尔迪

中下：银铸腓尼基钱币，约公元前 320 至公元前 300 年，巴尔多国家博物馆，突尼斯

中：狄俄尼索斯的海上旅行，公元前 550 至公元前 510 年，州立文物博物馆及古代雕塑展览馆，慕尼黑©AKG，巴黎

57 上：三列桨座战

船与九名划桨员，公元前 5 世纪末，卫城博物馆，雅典©达格里－奥尔迪

右中：比雷埃夫斯港，航拍图©奎多·阿尔贝托·罗西

66 左：珍妮特斯克的阿佛洛狄忒，公元 1 世纪上半叶，陶，米里纳©埃尔韦·莱万多夫斯基

中：长枪的枪头，希腊工艺©伊克多堤克·安东

右上：赫拉，公元前 525 年，德尔斐考古博物馆©达格里－奥尔迪

中：特洛伊战争场景，公元前 675 年，米科诺斯©巴拜尔

67 中：阿喀琉斯与阿伽门农，那不勒斯国家考古博物馆，那不勒斯©尼玛塔拉

右中：海伦与墨涅拉俄斯的重聚，公元前 450 至公元前 440 年，罗浮宫藏品，巴黎© RMN

右下：攻陷特洛伊，公元前 55 年，费拉拉考古博物馆，费拉拉©安德雷·赫尔德

78 左下：西绪福斯推动石头，公元前 330 年，州立文物博物馆及古代雕塑展览馆，慕尼黑©埃里希·莱辛

中：帕特洛克罗斯的葬礼，那不勒斯国家考古博物馆，那不勒斯©安列娜

79 右上：划桨的阿刻戎，公元前 420 年，罗浮宫藏品©RMN

右中：阿特柔斯在迈锡尼的坟墓，西蒙 / DIAF

90 上：地图，皮埃尔·普瓦里耶

中：银制古希腊钱币，马赛，公元前 2 世纪©安托万·舍内 / 卡米耶·朱利安中心，普罗旺斯地区艾克斯

下：帕埃斯图姆的雅典娜神庙©克里斯蒂安·韦斯

91 上：雅典，卫城©佛伊泰克·布斯

中：迈锡尼的狮子门©戴维·鲍尔

右：艾菲索斯的圆形剧场©拉塞尔·科尔德

下：亚历山大，考古发掘现场©斯特凡纳·孔普安

102 左上：泉边的女奴，约公元前 525 年，大英博物馆藏品，伦敦©布里吉曼

左下：阿耳忒弥斯，帕特农神庙中楣浮雕的细节，大理石，公元前 447 年至公元前 422 年，卫城博物馆藏品，雅典©埃里希·莱辛，巴黎

中下：百合花©帕特里克·莱热 / 伽利玛

103 上：整理衣物放入箱中的年轻女子，浅浮雕，公元前 450 年，塔兰托国立博物馆藏品，塔兰托©吉罗东

中：纺织的女子，约公元前 430 年，罗浮宫藏品©埃里希·莱辛 /AKG，巴黎

右下：宝石与金子制成的古希腊首饰，公元前 4 世纪至公元前 3 世纪，大英博物馆藏品，伦敦©布里吉曼

118 左：吹奏双管竖笛的女子，布吕戈斯画作，约公元前 490 年 © RMN/ 埃尔韦·莱万多夫斯基

中：狄俄尼索斯的随行队伍，画作细节，公元前 380 年 © RMN/ 埃尔韦·莱万多夫斯基

下：一位缪斯女神，画作细节，公元前 4 世纪 © RMN/ 埃尔韦·莱万多夫斯基

119 左：一场关于林神萨堤罗斯的戏剧的筹备：狄俄尼索斯与阿里阿德涅，公元前 410 年，那不勒斯国家考古博物馆，那不勒斯©安德雷·赫尔德

右上：帕耳那索斯山©路易 – 伊夫·卢瓦拉

右下：悲剧面具，公元前 4 世纪©EDM

120：荷马©法国国家图书馆

121：齐特拉琴演奏者，罗浮宫藏品©克里斯蒂安·拉里厄